biblio...

# Le Horla
# et six contes
# fantastiques

## Maupassant

Notes, questionnaires et dossier Bibliocollège
par Hervé ALVADO,
certifié de Lettres classiques,
professeur en collège

**Crédits photographiques**

**Couverture :** photo photothèque Hachette Livre.
**pp. 4, 5, 16, 47, 61, 66, 90, 94, 128, 129, 141 :** photos photothèque Hachette Livre.
**pp. 7, 11, 74 :** photos Jean-Loup Charmet.
**pp. 46, 103, 113 :** photos Jean Vigne.
**p. 54 :** photo Stone.
**pp. 79, 110 :** photos AKG Paris.
**pp. 81, 118, 156 :** photos Josse.

## Conception graphique

Couverture : *Laurent Carré*
Intérieur : *ELSE*

## Mise en page

*Médiamax*

## Illustration des questionnaires

*Harvey Stevenson*

---

**Dossier du professeur téléchargeable gratuitement sur :
www.biblio-hachette.com**

---

ISBN : 978-2-01-394995-8

© et ℗ Audiolib, 2009, pour les extraits audios.

© Hachette Livre, 2018, 58, rue Jean Bleuzen, CS 70007, 92178 Vanves Cedex.

# Sommaire

Écoutez et téléchargez gratuitement
sur notre site www.biblio-hachette.com
les 3 extraits lus par Michael Lonsdale
et signalés ici par le logo 🎧..

Guy de Maupassant, photographié par Nadar vers 1855.

# Introduction

Une créature invisible hante un personnage jusqu'à le pousser au crime et peut-être même au suicide, une jeune morte réapparaît dans un château gardé par un étrange jardinier, une main s'anime et tue l'homme qui la gardait chez lui comme un trophée…

Voilà quelques-uns des thèmes fantastiques abordés dans ce recueil.

Guy de Maupassant a toujours été hanté par l'étrange, et il est significatif que son premier conte, une œuvre de jeunesse publiée en 1875 dans *L'Almanach lorrain de Pont-à-Mousson* soit un conte fantastique, *La Main d'écorché*, repris ici, mais modifié, sous le titre *La Main* (1883). Douze ans séparent ce premier conte du *Horla* qui passe pour la plus achevée de ses nouvelles fantastiques. Les six autres contes que nous proposons ont été écrits entre 1882 et 1884. Mais les dates ici importent peu, car la carrière littéraire de Guy de Maupassant a été si brève – une dizaine d'années –, qu'on n'y décèle aucune évolution notable.

La veine fantastique a cohabité en lui avec la veine réaliste. Et cette constatation n'a rien d'étonnant : le vrai fantastique s'inscrit dans la réalité, autrement il s'engagerait dans la voie du merveilleux et de la féerie. Rien de tel chez Maupassant.

Relisons de plus près *Le Horla*, *Apparition* ou *La Main*. Cet être venu d'ailleurs qui oppresse et opprime le narrateur existe-t-il ou est-il la création d'un esprit malade ? Cette femme aperçue et entendue dans une pièce du château ne serait-elle pas tout simplement séquestrée par son mari ? Et le meurtre de l'Anglais a-t-il été commis par une main diabolique, ou par un malfaiteur doué pour la mise en scène ? Rien ne permet de trancher, évidemment, car ces contes sont d'une remarquable ambiguïté.

Réalisme et fantastique ne sont pas en effet rangés dans des compartiments cloisonnés et peut-être Maupassant en a-t-il eu conscience dès son adolescence : cette main d'écorché, par exemple, à laquelle il fait commettre un crime, il l'a vue à Étretat, dans la « Chaumière Dolmancé », chez l'étrange poète anglais Swinburne… Plus tard, les découvertes de la science ajouteront à son trouble : les expériences de Charcot sur l'hypnotisme à la Salpêtrière le fascineront. Et qu'est-ce que l'hypnotisme, sinon la manifestation du pouvoir d'un être sur un autre, comme celui du Horla sur sa victime ?

Maupassant, d'autre part, a sombré dans la folie et sa mort pathétique ajoute encore à la fascination qu'exercent ses contes sur le lecteur. Tous ses contes ont été rédigés alors qu'il était en pleine possession de ses moyens intellectuels, mais ses perpétuelles migraines, ses nerfs malades, son pessimisme l'ont sans doute rendu plus sensible et plus vulnérable. Aussi a-t-il su retranscrire à la perfection ses angoisses devant la mort, le mystère, l'invisible.

# Le Horla

**_Deuxième version – 1887_**

*8 mai.* – Quelle journée admirable ! J'ai passé toute la
matinée étendu sur l'herbe, devant ma maison, sous
l'énorme platane qui la couvre, l'abrite et l'ombrage tout
entière. J'aime ce pays, et j'aime y vivre parce que j'y ai
⁵ mes racines, ces profondes et délicates racines, qui attachent un homme à la terre où sont nés et morts ses
aïeux, qui l'attachent à ce qu'on pense et à ce qu'on
mange, aux usages comme aux nourritures, aux
locutions¹ locales, aux intonations des paysans, aux
¹⁰ odeurs du sol, des villages et de l'air lui-même.

J'aime ma maison où j'ai grandi. De mes fenêtres, je
vois la Seine qui coule, le long de mon jardin, derrière la
route, presque chez moi, la grande et large Seine, qui va
de Rouen au Havre, couverte de bateaux qui passent.

<u>notes</u>

**1. *locutions* :** expressions,
façons de parler.

*15*   À gauche, là-bas, Rouen, la vaste ville aux toits bleus, sous le peuple pointu des clochers gothiques. Ils sont innombrables, frêles ou larges, dominés par la flèche de fonte de la cathédrale, et pleins de cloches qui sonnent dans l'air bleu des belles matinées, jetant jusqu'à moi leur doux et lointain
*20*   bourdonnement de fer, leur chant d'airain[1] que la brise m'apporte, tantôt plus fort et tantôt plus affaibli, suivant qu'elle s'éveille ou s'assoupit.

Comme il faisait bon ce matin !

Vers onze heures, un long convoi de navires, traînés par
*25*   un remorqueur, gros comme une mouche, et qui râlait de peine en vomissant une fumée épaisse, défila devant ma grille.

Après deux goélettes[2] anglaises, dont le pavillon[3] rouge ondoyait[4] sur le ciel, venait un superbe trois-mâts brésilien
*30*   tout blanc, admirablement propre et luisant. Je le saluai, je ne sais pourquoi, tant ce navire me fit plaisir à voir.

*12 mai.* – J'ai un peu de fièvre depuis quelques jours ; je me sens souffrant, ou plutôt je me sens triste.

D'où viennent ces influences mystérieuses qui changent
*35*   en découragement notre bonheur et notre confiance en détresse ? On dirait que l'air, l'air invisible est plein d'inconnaissables Puissances, dont nous subissons les voisinages mystérieux. Je m'éveille plein de gaieté, avec des envies de chanter dans la gorge. – Pourquoi ? – Je descends le long de
*40*   l'eau ; et soudain, après une courte promenade, je rentre désolé, comme si quelque malheur m'attendait chez moi.

---

notes

**1. airain :** bronze ; nom poétique de la cloche.

**2. goélettes :** voiliers à deux mâts.

**3. pavillon :** drapeau.

**4. ondoyait :** flottait (litt. « avait les mouvements de l'eau »).

— Pourquoi ? — Est-ce un frisson de froid qui, frôlant ma peau, a ébranlé mes nerfs et assombri mon âme ? Est-ce la forme des nuages, ou la couleur du jour, la couleur des choses, si variable, qui, passant par mes yeux, a troublé ma pensée ? Sait-on ? Tout ce qui nous entoure, tout ce que nous voyons sans le regarder, tout ce que nous frôlons sans le connaître, tout ce que nous touchons sans le palper, tout ce que nous rencontrons sans le distinguer, a sur nous, sur nos organes[1] et, par eux, sur nos idées, sur notre cœur lui-même, des effets rapides, surprenants et inexplicables.

Comme il est profond ce mystère de l'Invisible ! Nous ne le pouvons sonder[2] avec nos sens misérables, avec nos yeux qui ne savent apercevoir ni le trop petit, ni le trop grand, ni le trop près, ni le trop loin, ni les habitants d'une étoile, ni les habitants d'une goutte d'eau... avec nos oreilles qui nous trompent, car elles nous transmettent les vibrations de l'air en notes sonores. Elles sont des fées qui font ce miracle de changer en bruit ce mouvement et par cette métamorphose donnent naissance à la musique, qui rend chantante l'agitation muette de la nature... avec notre odorat, plus faible que celui du chien... avec notre goût, qui peut à peine discerner l'âge d'un vin !

Ah ! si nous avions d'autres organes qui accompliraient en notre faveur d'autres miracles, que de choses nous pourrions découvrir encore autour de nous !

*16 mai.* — Je suis malade, décidément ! Je me portais si bien le mois dernier ! J'ai la fièvre, une fièvre atroce, ou plutôt un énervement fiévreux, qui rend mon âme aussi

---

**notes**

**1. organes :** organes des sens.

**2. sonder :** explorer, chercher à connaître.

70 souffrante que mon corps. J'ai sans cesse cette sensation affreuse d'un danger menaçant, cette appréhension d'un malheur qui vient ou de la mort qui approche, ce pressentiment qui est sans doute l'atteinte d'un mal inconnu, germant dans le sang et dans la chair.

75 *18 mai.* – Je viens d'aller consulter mon médecin, car je ne pouvais plus dormir. Il m'a trouvé le pouls rapide, l'œil dilaté, les nerfs vibrants, mais sans aucun symptôme alarmant. Je dois me soumettre aux douches et boire du bromure de potassium[1].

80 *25 mai.* – Aucun changement ! Mon état, vraiment, est bizarre. À mesure qu'approche le soir, une inquiétude incompréhensible m'envahit, comme si la nuit cachait pour moi une menace terrible. Je dîne vite, puis j'essaye de lire ; mais je ne comprends pas les mots ; je distingue à peine les 85 lettres. Je marche alors dans mon salon de long en large, sous l'oppression d'une crainte confuse et irrésistible, la crainte du sommeil et la crainte du lit.

Vers dix heures, je monte dans ma chambre. À peine entré, je donne deux tours de clef, et je pousse les verrous ; 90 j'ai peur... de quoi ?... Je ne redoutais rien jusqu'ici... j'ouvre mes armoires, je regarde sous mon lit ; j'écoute... j'écoute... quoi ?... Est-ce étrange qu'un simple malaise, un trouble de la circulation peut-être, l'irritation d'un filet nerveux, un peu de congestion, une toute petite perturbation dans le 95 fonctionnement si imparfait et si délicat de notre machine vivante, puisse faire un mélancolique du plus joyeux des

notes
**1. bromure de potassium :**
produit utilisé en médecine
comme calmant.

**Dessin de Julian-Damazy, gravé sur bois par G. Lemoine pour *Le Horla* (1903).**

hommes, et un poltron du plus brave ? Puis je me couche, et j'attends le sommeil comme on attendrait le bourreau. Je l'attends avec l'épouvante de sa venue, et mon cœur bat, et
100    mes jambes frémissent ; et tout mon corps tressaille[1] dans la chaleur des draps, jusqu'au moment où je tombe tout à coup dans le repos, comme on tomberait pour s'y noyer, dans un gouffre d'eau stagnante. Je ne le sens pas venir, comme autrefois, ce sommeil perfide, caché près de moi, qui me guette,
105    qui va me saisir par la tête, me fermer les yeux, m'anéantir.

Je dors – longtemps – deux ou trois heures – puis un rêve – non – un cauchemar m'étreint. Je sens bien que je suis couché et que je dors… je le sens et je le sais… et je sens aussi que quelqu'un s'approche de moi, me regarde, me palpe,
110    monte sur mon lit, s'agenouille sur ma poitrine, me prend le cou entre ses mains et serre… serre… de toute sa force pour m'étrangler.

Moi, je me débats, lié par cette impuissance atroce, qui nous paralyse dans les songes ; je veux crier, – je ne peux pas ;
115    – je veux remuer, – je ne peux pas ; – j'essaye avec des efforts affreux, en haletant, de me tourner, de rejeter cet être qui m'écrase et qui m'étouffe, – je ne peux pas !

Et soudain, je m'éveille, affolé, couvert de sueur. J'allume une bougie. Je suis seul.

120    Après cette crise, qui se renouvelle toutes les nuits, je dors enfin, avec calme, jusqu'à l'aurore.

*2 juin*. – Mon état s'est encore aggravé. Qu'ai-je donc ? Le bromure n'y fait rien ; les douches n'y font rien. Tantôt, pour fatiguer mon corps, si las pourtant, j'allai faire un tour

notes
_____

**1. tressaille :** sursaute.

125 dans la forêt de Roumare[1]. Je crus d'abord que l'air frais, léger et doux, plein d'odeur d'herbes et de feuilles, me versait aux veines un sang nouveau, au cœur une énergie nouvelle. Je pris une grande avenue de chasse, puis je tournai vers La Bouille[2], par une allée étroite, entre deux armées 130 d'arbres démesurément hauts qui mettaient un toit vert, épais, presque noir, entre le ciel et moi.

Un frisson me saisit soudain, non pas un frisson de froid, mais un étrange frisson d'angoisse.

Je hâtai le pas, inquiet d'être seul dans ce bois, apeuré sans 135 raison, stupidement, par la profonde solitude. Tout à coup, il me sembla que j'étais suivi, qu'on marchait sur mes talons, tout près, à me toucher.

Je me retournai brusquement. J'étais seul. Je ne vis derrière moi que la droite et large allée vide, haute, redoutable-140 ment vide ; et de l'autre côté elle s'étendait aussi à perte de vue, toute pareille, effrayante.

Je fermai les yeux. Pourquoi ? Et je me mis à tourner sur un talon, très vite, comme une toupie. Je faillis tomber ; je rouvris les yeux ; les arbres dansaient, la terre flottait ; je dus 145 m'asseoir. Puis, ah ! je ne savais plus par où j'étais venu ! Bizarre idée ! Bizarre ! Bizarre idée ! Je ne savais plus du tout. Je partis par le côté qui se trouvait à ma droite, et je revins dans l'avenue qui m'avait amené au milieu de la forêt.

*3 juin.* – La nuit a été horrible. Je vais m'absenter pen-150 dant quelques semaines. Un petit voyage, sans doute, me remettra.

---

notes

**1. la forêt de Roumare :** près de Croisset.

**2. La Bouille :** village situé à 18 km de Rouen.

*2 juillet.* – Je rentre. Je suis guéri. J'ai fait d'ailleurs une excursion charmante. J'ai visité le mont Saint-Michel que je ne connaissais pas.

155 Quelle vision, quand on arrive, comme moi, à Avranches[1] vers la fin du jour ! La ville est sur une colline ; et on me conduisit dans le jardin public, au bout de la cité. Je poussai un cri d'étonnement. Une baie démesurée s'étendait devant moi, à perte de vue, entre deux côtes écartées se

160 perdant au loin dans les brumes ; et au milieu de cette immense baie jaune, sous un ciel d'or et de clarté, s'élevait sombre et pointu un mont étrange, au milieu des sables. Le soleil venait de disparaître, et sur l'horizon encore flamboyant se dessinait le profil de ce fantastique rocher qui

165 porte sur son sommet un fantastique monument.

Dès l'aurore, j'allai vers lui. La mer était basse, comme la veille au soir, et je regardais se dresser devant moi, à mesure que j'approchais d'elle, la surprenante abbaye. Après plusieurs heures de marche, j'atteignis l'énorme bloc de pierres qui

170 porte la petite cité dominée par la grande église. Ayant gravi la rue étroite et rapide, j'entrai dans la plus admirable demeure gothique construite pour Dieu sur la terre, vaste comme une ville, pleine de salles basses écrasées sous des voûtes et de hautes galeries que soutiennent de frêles

175 colonnes. J'entrai dans ce gigantesque bijou de granit, aussi léger qu'une dentelle, couvert de tours, de sveltes clochetons[2], où montent des escaliers tordus, et qui lancent dans le ciel bleu des jours, dans le ciel noir des nuits, leurs têtes bizarres, hérissées de chimères[3], de diables, de bêtes fantas-

---

**notes**

**1. Avranches :** ville située sur la côte ouest du Cotentin, d'où l'on a vue sur le mont Saint-Michel.

**2. clochetons :** ornements architecturaux en forme de petits clochers.

**3. chimères :** la Chimère était un monstre mythologique à tête de lion, corps de chèvre et queue de dragon.

180 tiques, de fleurs monstrueuses, et reliés l'un à l'autre par de fines arches[1] ouvragées.

Quand je fus sur le sommet, je dis au moine qui m'accompagnait : « Mon Père, comme vous devez être bien ici ! »

Il répondit : « Il y a beaucoup de vent, Monsieur » ; et 185 nous nous mîmes à causer en regardant monter la mer, qui courait sur le sable et le couvrait d'une cuirasse d'acier.

Et le moine me conta des histoires, toutes les vieilles histoires de ce lieu, des légendes, toujours des légendes.

Une d'elles me frappa beaucoup. Les gens du pays, ceux 190 du mont, prétendent qu'on entend parler la nuit dans les sables, puis qu'on entend bêler deux chèvres, l'une avec une voix forte, l'autre avec une voix faible. Les incrédules affirment que ce sont les cris des oiseaux de mer, qui ressemblent tantôt à des bêlements, et tantôt à des plaintes humaines ; 195 mais les pêcheurs attardés jurent avoir rencontré, rôdant sur les dunes, entre deux marées, autour de la petite ville jetée ainsi loin du monde, un vieux berger, dont on ne voit jamais la tête couverte de son manteau, et qui conduit, en marchant devant eux, un bouc à figure d'homme et une chèvre à 200 figure de femme, tous deux avec de longs cheveux blancs et parlant sans cesse, se querellant dans une langue inconnue, puis cessant soudain de crier pour bêler de toute leur force.

Je dis au moine : « Y croyez-vous ? »

Il murmura : « Je ne sais pas. »

205 Je repris : « S'il existait sur la terre d'autres êtres que nous, comment ne les connaîtrions-nous point depuis longtemps ; comment ne les auriez-vous pas vus, vous ? comment ne les aurais-je pas vus, moi ? »

notes

**1. arches :** voûtes.

**Tableau de Johann Heinrich Füssli (1741-1825),** *Le Cauchemar*, **1782.**

Il répondit : « Est-ce que nous voyons la cent millième
210 partie de ce qui existe ? Tenez, voici le vent, qui est la plus
grande force de la nature, qui renverse les hommes, abat les
édifices, déracine les arbres, soulève la mer en montagnes
d'eau, détruit les falaises, et jette aux brisants[1] les grands
navires, le vent qui tue, qui siffle, qui gémit, qui mugit –
215 l'avez-vous vu, et pouvez-vous le voir ? Il existe, pourtant. »

Je me tus devant ce simple raisonnement. Cet homme
était un sage ou peut-être un sot. Je ne l'aurais pu affirmer
au juste ; mais je me tus. Ce qu'il disait là, je l'avais pensé
souvent.

---

notes

**1. brisants :** écueils, rochers
à fleur d'eau.

# Au fil du texte

## AVEZ-VOUS BIEN LU ?

**1.** Que nous apprend la première page du journal sur le narrateur* ?

**2.** Quel est son état d'esprit le 8 mai ?

**3.** Et le 12 mai ?

**4.** Quels sont les remèdes prescrits par son médecin ? À quel genre de malades les prescrit-on, généralement ?

**5.** Sont-ils efficaces ?

**6.** Le 2 juillet, le narrateur s'estime guéri. Pourquoi ?

**7.** La réponse du moine le rassure-t-elle ou l'inquiète-t-elle ?

*narrateur :*
**celui qui raconte.**

*synonyme :*
**mot qui a un sens identique, ou très voisin.**

## ÉTUDIER LE VOCABULAIRE

**8.** Dans la description du mont Saint-Michel, le mot « *fantastique* » revient à trois reprises. Proposez chaque fois un synonyme*.

## ÉTUDIER LA GRAMMAIRE

**9.** *« S'il existait sur la terre d'autres êtres que nous, comment ne les connaîtrions-nous point depuis longtemps ? »* Dans cette phrase, le conditionnel exprime-t-il un potentiel, un irréel du présent ou un irréel du passé ?

## ÉTUDIER L'ARGUMENTATION

**10.** Analysez les pensées du narrateur le 12 mai : de quels arguments use-t-il pour démontrer la faiblesse de l'homme ?

## ÉTUDIER LE GENRE FANTASTIQUE

**11.** La légende racontée par le moine relève-t-elle du fantastique, de l'étrange ou du merveilleux ? Pourquoi ?

## ÉTUDIER L'ÉCRITURE

**12.** Le 25 mai, par quel procédé le narrateur exprime-t-il son impuissance à réagir ?

**13.** Établissez le champ lexical* de l'angoisse (lignes 80 à 112) : verbes, noms, comparaisons.

**14.** Ce même jour, quelles sont les manifestations de l'inquiétude du narrateur ?

**15.** Relevez les comparaisons* qui traduisent cet état d'esprit.

**16.** À quel moment de la journée le mont Saint-Michel est-il décrit ? Pourquoi ? (Situez sur une carte le mont et Avranches : dans quelle direction le narrateur regarde-t-il ?)

**17.** « *Ce gigantesque bijou de granit* » est à la fois une métaphore* et une périphrase* : montrez-le.

## À VOS PLUMES !

**18.** En vous inspirant du texte, notamment des lignes 113 à 117, racontez comment un jour, paralysé(e) par la peur, vous n'avez pu faire ce que l'on vous demandait.

## LIRE L'IMAGE

**19.** Décrivez le tableau de Füssli, page 16. Comment le malaise et la peur sont-ils traduits ?

*champ lexical :* ensemble de mots se rapportant à une même idée.

*comparaison :* rapprochement de termes exprimé à l'aide de mots outils (comme, ainsi que…).

*métaphore :* rapprochement de termes exprimé sans mots outils, de façon implicite.

*périphrase :* procédé qui consiste à désigner une personne ou un objet par un groupe nominal.

220 *3 juillet.* – J'ai mal dormi ; certes, il y a ici une influence fiévreuse, car mon cocher souffre du même mal que moi. En rentrant hier, j'avais remarqué sa pâleur singulière. Je lui demandai :

« Qu'est-ce que vous avez, Jean ?

225 – J'ai que je ne peux plus me reposer, Monsieur, ce sont mes nuits qui mangent mes jours. Depuis le départ de Monsieur, cela me tient comme un sort[1]. »

Les autres domestiques vont bien cependant, mais j'ai grand-peur d'être repris, moi.

230 *4 juillet.* – Décidément, je suis repris. Mes cauchemars anciens reviennent. Cette nuit, j'ai senti quelqu'un accroupi sur moi, et qui, sa bouche sur la mienne, buvait ma vie entre mes lèvres. Oui, il la puisait dans ma gorge, comme aurait fait une sangsue[2]. Puis il s'est levé, repu, et moi je me suis

235 réveillé, tellement meurtri, brisé, anéanti, que je ne pouvais plus remuer. Si cela continue encore quelques jours, je repartirai certainement.

*5 juillet.* – Ai-je perdu la raison ? Ce qui s'est passé, ce que j'ai vu la nuit dernière est tellement étrange, que ma tête

240 s'égare quand j'y songe !

Comme je le fais maintenant chaque soir, j'avais fermé ma porte à clef ; puis, ayant soif, je bus un demi-verre d'eau, et je remarquai par hasard que ma carafe était pleine jusqu'au bouchon de cristal.

245 Je me couchai ensuite et je tombai dans un de mes som-

---

notes

**1. un sort :** un maléfice, un sortilège.

**2. sangsue :** sorte de ver qui suce le sang des animaux.

meils épouvantables, dont je fus tiré au bout de deux heures environ par une secousse plus affreuse encore.

Figurez-vous un homme qui dort, qu'on assassine, et qui se réveille avec un couteau dans le poumon, et qui râle[1] couvert de sang, et qui ne peut plus respirer, et qui va mourir, et qui ne comprend pas – voilà.

Ayant enfin reconquis ma raison, j'eus soif de nouveau ; j'allumai une bougie et j'allai vers la table où était posée ma carafe. Je la soulevai en la penchant sur mon verre ; rien ne coula. – Elle était vide ! Elle était vide complètement ! D'abord je n'y compris rien ; puis tout à coup, je ressentis une émotion si terrible, que je dus m'asseoir, ou plutôt que je tombai sur une chaise ! puis je me redressai d'un saut pour regarder autour de moi ! puis je me rassis, éperdu d'étonnement et de peur, devant le cristal transparent ! Je le contemplais avec des yeux fixes, cherchant à deviner. Mes mains tremblaient ! On avait donc bu cette eau ? Qui ? Moi ? moi, sans doute ? Ce ne pouvait être que moi ? Alors, j'étais somnambule[2], je vivais, sans le savoir, de cette double vie mystérieuse qui fait douter s'il y a deux êtres en nous, ou si un être étranger, inconnaissable et invisible, anime[3], par moments, quand notre âme est engourdie, notre corps captif qui obéit à cet autre, comme à nous-mêmes, plus qu'à nous-mêmes.

Ah ! qui comprendra mon angoisse abominable ? Qui comprendra l'émotion d'un homme, sain d'esprit, bien éveillé, plein de raison et qui regarde épouvanté, à travers le verre d'une carafe, un peu d'eau disparue pendant qu'il a dormi ! Et je restai là jusqu'au jour, sans oser regagner mon lit.

275 *6 juillet.* – Je deviens fou. On a encore bu toute ma carafe cette nuit ; – ou plutôt, je l'ai bue !

Mais, est-ce moi ? Est-ce moi ? Qui serait-ce ? Qui ? Oh ! mon Dieu ! Je deviens fou ? Qui me sauvera ?

*10 juillet.* – Je viens de faire des épreuves surprenantes.
280 Décidément, je suis fou ! Et pourtant !

Le 6 juillet, avant de me coucher, j'ai placé sur ma table du vin, du lait, de l'eau, du pain et des fraises.

On a bu – j'ai bu – toute l'eau, et un peu de lait. On n'a touché ni au vin, ni aux fraises.

285 Le 7 juillet, j'ai renouvelé la même épreuve, qui a donné le même résultat.

Le 8 juillet, j'ai supprimé l'eau et le lait. On n'a touché à rien.

Le 9 juillet enfin, j'ai remis sur ma table l'eau et le lait
290 seulement, en ayant soin d'envelopper les carafes en des linges de mousseline[1] blanche et de ficeler les bouchons. Puis, j'ai frotté mes lèvres, ma barbe, mes mains avec de la mine de plomb[2], et je me suis couché.

L'invincible sommeil m'a saisi, suivi bientôt de l'atroce
295 réveil. Je n'avais point remué ; mes draps eux-mêmes ne portaient pas de taches. Je m'élançai vers ma table. Les linges enfermant les bouteilles étaient demeurés immaculés[3]. Je déliai les cordons, en palpitant de crainte. On avait bu toute l'eau ! on avait bu tout le lait ! Ah ! mon Dieu !...

Je vais partir tout à l'heure pour Paris.

---

**notes**

**1. mousseline :** toile fine et transparente.

**2. mine de plomb :** graphite qui constitue la partie centrale d'un crayon.

**3. immaculés :** sans taches.

*12 juillet.* – Paris. J'avais donc perdu la tête les jours derniers ! J'ai dû être le jouet de mon imagination énervée, à moins que je ne sois vraiment somnambule, ou que j'aie subi une de ces influences constatées, mais inexplicables jusqu'ici, qu'on appelle suggestions. En tout cas, mon affolement touchait à la démence, et vingt-quatre heures de Paris ont suffi pour me remettre d'aplomb.

Hier, après des courses et des visites, qui m'ont fait passer dans l'âme de l'air nouveau et vivifiant, j'ai fini ma soirée au Théâtre-Français[1]. On y jouait une pièce d'Alexandre Dumas fils[2] ; et cet esprit alerte et puissant a achevé de me guérir. Certes, la solitude est dangereuse pour les intelligences qui travaillent. Il nous faut, autour de nous, des hommes qui pensent et qui parlent. Quand nous sommes seuls longtemps, nous peuplons le vide de fantômes.

Je suis rentré à l'hôtel très gai, par les boulevards. Au coudoiement de la foule, je songeais, non sans ironie, à mes terreurs, à mes suppositions de l'autre semaine, car j'ai cru, oui, j'ai cru qu'un être invisible habitait sous mon toit. Comme notre tête est faible et s'effare[3], et s'égare vite, dès qu'un petit fait incompréhensible nous frappe !

Au lieu de conclure par ces simples mots : « Je ne comprends pas parce que la cause m'échappe », nous imaginons aussitôt des mystères effrayants et des puissances surnaturelles.

*14 juillet.* – Fête de la République[4]. Je me suis promené par les rues. Les pétards et les drapeaux m'amusaient comme

---

**notes**

**1. Théâtre-Français :** théâtre de la Comédie-Française.

**2. Dumas fils (Alexandre) :** écrivain français (1824-1895) ; le fils de l'auteur des *Trois Mousquetaires* était un ami de Maupassant.

**3. s'effare :** se trouble.

**4. fête de la République :** depuis 1880.

un enfant. C'est pourtant fort bête d'être joyeux, à date fixe, par décret du gouvernement. Le peuple est un troupeau imbécile, tantôt stupidement patient et tantôt férocement révolté. On lui dit : « Amuse-toi. » Il s'amuse. On lui dit : «Va te battre avec le voisin. » Il va se battre. On lui dit : «Vote pour l'Empereur. » Il vote pour l'Empereur. Puis, on lui dit : «Vote pour la République. » Et il vote pour la République.

Ceux qui le dirigent sont aussi sots ; mais au lieu d'obéir à des hommes, ils obéissent à des principes, lesquels ne peuvent être que niais, stériles et faux, par cela même qu'ils sont des principes, c'est-à-dire des idées réputées certaines et immuables[1], en ce monde où l'on n'est sûr de rien, puisque la lumière est une illusion, puisque le bruit est une illusion.

*16 juillet.* – J'ai vu hier des choses qui m'ont beaucoup troublé.

Je dînais chez ma cousine, M^me Sablé, dont le mari commande le 76^e chasseurs[2] à Limoges. Je me trouvais chez elle avec deux jeunes femmes, dont l'une a épousé un médecin, le docteur Parent, qui s'occupe beaucoup des maladies nerveuses et des manifestations extraordinaires auxquelles donnent lieu en ce moment les expériences sur l'hypnotisme[3] et la suggestion[4].

Il nous raconta longtemps les résultats prodigieux obtenus par des savants anglais et par les médecins de l'école de Nancy[5].

**notes**

1. **immuables :** qui ne peuvent changer.

2. **76^e chasseurs :** régiment d'infanterie.

3. **hypnotisme :** ensemble de techniques qui permettent de provoquer l'hypnose, sommeil artificiel.

4. **la suggestion :** le fait de provoquer des idées, des désirs chez une personne en état d'hypnose.

5. **l'école de Nancy :** créée en 1866, elle se consacra, sous la direction du professeur Bernheim, à l'étude de l'hypnotisme.

Les faits qu'il avança me parurent tellement bizarres, que je me déclarai tout à fait incrédule.

« Nous sommes, affirmait-il, sur le point de découvrir un des plus importants secrets de la nature, je veux dire, un de ses plus importants secrets sur cette terre ; car elle en a certes d'autrement importants, là-bas, dans les étoiles. Depuis que l'homme pense, depuis qu'il sait dire et écrire sa pensée, il se sent frôlé par un mystère impénétrable pour ses sens grossiers et imparfaits, et il tâche de suppléer, par l'effort de son intelligence, à l'impuissance de ses organes. Quand cette intelligence demeurait encore à l'état rudimentaire, cette hantise des phénomènes invisibles a pris des formes banalement effrayantes. De là sont nées les croyances populaires au surnaturel, les légendes des esprits rôdeurs, des fées, des gnomes, des revenants, je dirai même la légende de Dieu, car nos conceptions de l'ouvrier-créateur, de quelque religion qu'elles nous viennent, sont bien les inventions les plus médiocres, les plus stupides, les plus inacceptables sorties du cerveau apeuré des créatures. Rien de plus vrai que cette parole de Voltaire : "Dieu a fait l'homme à son image, mais l'homme le lui a bien rendu."

Mais, depuis un peu plus d'un siècle, on semble pressentir quelque chose de nouveau. Mesmer[1] et quelques autres nous ont mis sur une voie inattendue, et nous sommes arrivés vraiment, depuis quatre ou cinq ans surtout, à des résultats surprenants. »

**notes**

**1. Mesmer (Franz Anton) :** médecin allemand (1734-1815) dont la doctrine du « magnétisme animal » connut un grand succès à Paris et en Europe.

Ma cousine, très incrédule aussi, souriait. Le docteur Parent lui dit : « Voulez-vous que j'essaie de vous endormir, madame ?

380    — Oui, je veux bien. »

Elle s'assit dans un fauteuil et il commença à la regarder fixement en la fascinant. Moi, je me sentis soudain un peu troublé, le cœur battant, la gorge serrée. Je voyais les yeux de M<sup>me</sup> Sablé s'alourdir, sa bouche se crisper, sa poitrine haleter.

385    Au bout de dix minutes, elle dormait.

« Mettez-vous derrière elle », dit le médecin.

Et je m'assis derrière elle. Il lui plaça entre les mains une carte de visite en lui disant : « Ceci est un miroir ; que voyez-vous dedans ? »

390    Elle répondit :

« Je vois mon cousin.

— Que fait-il ?

— Il se tord la moustache.

— Et maintenant ?

395    — Il tire de sa poche une photographie.

— Quelle est cette photographie ?

— La sienne. »

C'était vrai ! Et cette photographie venait de m'être livrée, le soir même, à l'hôtel.

400    « Comment est-il sur ce portrait ?

— Il se tient debout avec son chapeau à la main. »

Donc elle voyait dans cette carte, dans ce carton blanc, comme elle eût vu dans une glace.

Les jeunes femmes, épouvantées, disaient : « Assez ! Assez !
405 Assez ! »

Mais le docteur ordonna : « Vous vous lèverez demain à huit heures ; puis vous irez trouver à son hôtel votre cousin, et vous le supplierez de vous prêter cinq mille francs que

votre mari vous demande et qu'il vous réclamera à son
410 prochain voyage. »

Puis il la réveilla.

En rentrant à l'hôtel, je songeais à cette curieuse séance
et des doutes m'assaillirent, non point sur l'absolue, sur l'in-
soupçonnable bonne foi de ma cousine, que je connaissais
415 comme une sœur, depuis l'enfance, mais sur une supercherie
possible du docteur. Ne dissimulait-il pas dans sa main une
glace qu'il montrait à la jeune femme endormie, en même
temps que sa carte de visite ? Les prestidigitateurs de profession font des choses autrement singulières.

420 Je rentrai donc et je me couchai.

Or, ce matin, vers huit heures et demie, je fus réveillé par
mon valet de chambre, qui me dit :

« C'est M^me Sablé qui demande à parler à Monsieur tout
de suite. »

425 Je m'habillai à la hâte et je la reçus.

Elle s'assit fort troublée, les yeux baissés, et, sans lever son
voile[1], elle me dit :

« Mon cher cousin, j'ai un gros service à vous demander.

– Lequel, ma cousine ?

430 – Cela me gêne beaucoup de vous le dire, et pourtant, il
le faut. J'ai besoin, absolument besoin, de cinq mille francs.

– Allons donc, vous ?

– Oui, moi, ou plutôt mon mari, qui me charge de les
trouver. »

435 J'étais tellement stupéfait, que je balbutiai mes réponses.
Je me demandais si vraiment elle ne s'était pas moquée de

notes

**1. voile :** morceau de tissu
léger fixé au chapeau.

moi avec le docteur Parent, si ce n'était pas là une simple farce préparée d'avance et fort bien jouée.

440 Mais, en la regardant avec attention, tous mes doutes se dissipèrent. Elle tremblait d'angoisse, tant cette démarche lui était douloureuse, et je compris qu'elle avait la gorge pleine de sanglots.

Je la savais fort riche et je repris :

« Comment ! votre mari n'a pas cinq mille francs à
445 sa disposition ! Voyons, réfléchissez. Êtes-vous sûre qu'il vous a chargée de me les demander ? »

Elle hésita quelques secondes comme si elle eût fait un grand effort pour chercher dans son souvenir, puis elle répondit :

450 « Oui..., oui... j'en suis sûre.

– Il vous a écrit ? »

Elle hésita encore, réfléchissant. Je devinai le travail torturant de sa pensée. Elle ne savait pas. Elle savait seulement qu'elle devait m'emprunter cinq mille francs pour son mari.
455 Donc elle osa mentir.

« Oui, il m'a écrit.

– Quand donc ? Vous ne m'avez parlé de rien, hier.

– J'ai reçu sa lettre ce matin.

– Pouvez-vous me la montrer ?

460 – Non... non... non... elle contenait des choses intimes... trop personnelles... je l'ai... je l'ai brûlée.

– Alors, c'est que votre mari fait des dettes. »

Elle hésita encore, puis murmura :

« Je ne sais pas. »

465 Je déclarai brusquement :

« C'est que je ne puis disposer de cinq mille francs en ce moment, ma chère cousine. »

Elle poussa une sorte de cri de souffrance.

« Oh ! oh ! je vous en prie, je vous en prie, trouvez-les... »

Elle s'exaltait, joignait les mains comme si elle m'eût prié ! J'entendais sa voix changer de ton ; elle pleurait et bégayait, harcelée, dominée par l'ordre irrésistible qu'elle avait reçu.

« Oh ! oh ! je vous en supplie... si vous saviez comme je souffre... il me les faut aujourd'hui. »

J'eus pitié d'elle.

« Vous les aurez tantôt, je vous le jure. »

Elle s'écria :

« Oh ! merci ! merci ! Que vous êtes bon. »

Je repris : « Vous rappelez-vous ce qui s'est passé hier chez vous ?

– Oui.

– Vous rappelez-vous que le docteur Parent vous a endormie ?

– Oui.

– Eh bien ! il vous a ordonné de venir m'emprunter ce matin cinq mille francs, et vous obéissez en ce moment à cette suggestion. »

Elle réfléchit quelques secondes et répondit :

« Puisque c'est mon mari qui les demande. »

Pendant une heure, j'essayai de la convaincre, mais je ne pus y parvenir.

Quand elle fut partie, je courus chez le docteur. Il allait sortir ; et il m'écouta en souriant. Puis il dit :

« Croyez-vous maintenant ?

– Oui, il le faut bien.

– Allons chez votre parente. »

Elle sommeillait déjà sur une chaise longue, accablée de fatigue. Le médecin lui prit le pouls, la regarda quelque temps, une main levée vers ses yeux qu'elle ferma peu à peu sous l'effort insoutenable de cette puissance magnétique.

Quand elle fut endormie :

« Votre mari n'a plus besoin de cinq mille francs. Vous allez donc oublier que vous avez prié votre cousin de vous les prêter, et, s'il vous parle de cela, vous ne comprendrez pas. »

Puis il la réveilla. Je tirai de ma poche un portefeuille :

« Voici, ma chère cousine, ce que vous m'avez demandé ce matin. »

Elle fut tellement surprise que je n'osai pas insister. J'essayai cependant de ranimer sa mémoire, mais elle nia avec force, crut que je me moquais d'elle, et faillit, à la fin, se fâcher.

Voilà ! je viens de rentrer ; et je n'ai pas pu déjeuner, tant cette expérience m'a bouleversé.

*19 juillet.* – Beaucoup de personnes à qui j'ai raconté cette aventure se sont moquées de moi. Je ne sais plus que penser. Le sage dit : Peut-être ?

*21 juillet.* – J'ai été dîner à Bougival[1], puis j'ai passé la soirée au bal des canotiers[2]. Décidément, tout dépend des lieux et des milieux. Croire au surnaturel dans l'île de la Grenouillère[3] serait le comble de la folie... mais au sommet du mont Saint-Michel ?... mais dans les Indes ? Nous subissons effroyablement l'influence de ce qui nous entoure. Je rentrerai chez moi la semaine prochaine.

*30 juillet.* – Je suis revenu dans la maison depuis hier. Tout va bien.

---

**notes**

**1. *Bougival* :** village du bord de Seine, en aval de Paris.

**2. *canotiers* :** adeptes du canotage.

**3. *la Grenouillère* :** café flottant aménagé sur l'île de Croissy, guinguette populaire.

# Au fil du texte

## AVEZ-VOUS BIEN LU ?

**1.** Pourquoi le narrateur\* s'estime-t-il « *repris* »
(ligne 230) ?

**2.** Ses cauchemars sont-ils plus angoissants
qu'auparavant ?

**3.** À quelle expérience se livre-t-il ? Quelles
conclusions peut-on en tirer ?

**4.** Pourquoi le narrateur décide-t-il de partir ?
Où se manifeste l'« *influence fiévreuse* » (ligne 220) ?

**5.** Pourquoi s'estime-t-il guéri à Paris ?

**6.** Au cours de la séance d'hypnotisme\*, l'utilisation
d'un élément personnel révèle l'impossibilité d'un
trucage. Quel est-il ?

**7.** Le narrateur, d'abord « *incrédule* » (ligne 352),
avoue ne plus l'être à la fin : relevez ses paroles.

**8.** L'expérience du docteur Parent l'a-t-elle rassuré
ou inquiété ?

## ÉTUDIER LE VOCABULAIRE

**9.** Dans les lignes 351 à 371, relevez tous les termes
commençant par le préfixe\* *in-*. Quelle est sa valeur ?
Pourquoi prend-il parfois la forme *im-* ?

## ÉTUDIER LA GRAMMAIRE

**10.** Transposez au style indirect\* les paroles
du docteur (lignes 406 à 410) en commençant par :
*Le docteur lui ordonna…*

**narrateur :**
celui qui
raconte.

**hypnotisme :**
ensemble des
phénomènes
qui constituent
le sommeil
artificiel
provoqué.

**préfixe :**
dans un mot
composé,
c'est l'élément
qui est placé
devant
le radical.

**style indirect :**
à l'inverse
du style direct,
il ne rapporte
pas telles
quelles
les paroles
prononcées.

**11.** Transposez ce même passage au style indirect libre★.

**12.** « *Comme si elle eût fait un grand effort…* » ; « *comme si elle m'eût prié !* » Identifiez les formes verbales, exprimez la même idée en employant une autre forme.

## ÉTUDIER LE GENRE FANTASTIQUE

**13.** Quels sont les thèmes fantastiques évoqués dans ce conte? (*cf.* « Un genre littéraire : le conte fantastique », page 145).

**14.** Dans quelle mesure l'hypnotisme peut-il être considéré comme fantastique ?

**15.** Dans quelle mesure les voyages du narrateur au mont Saint-Michel et à Paris ont-ils confirmé ses craintes de l'Invisible ?

## ÉTUDIER L'ÉCRITURE

**16.** Relevez les signes de ponctuation dominants (5 juillet). Que traduisent-ils ?

**17.** « *Figurez-vous un homme qui dort…* » (ligne 248). Comment cette phrase réussit-elle à exprimer l'angoisse du narrateur (images, répétitions, rythme) ?

*style indirect libre :* manière de rapporter assez exactement les paroles du dialogue, par un procédé intermédiaire entre le discours direct et le discours indirect.

525    *2 août.* – Rien de nouveau ; il fait un temps superbe. Je passe mes journées à regarder couler la Seine.

   *4 août.* – Querelles parmi les domestiques. Ils prétendent qu'on casse les verres, la nuit, dans les armoires. Le valet de chambre accuse la cuisinière, qui accuse la lingère, qui accuse 530  les deux autres. Quel est le coupable ? Bien fin qui le dirait ?

   *6 août.* – Cette fois, je ne suis pas fou. J'ai vu... J'ai vu... J'ai vu !... Je ne puis plus douter... j'ai vu !... J'ai encore froid jusque dans les ongles... j'ai encore peur jusque dans les moelles[1]... j'ai vu !...

535    Je me promenais à deux heures, en plein soleil, dans mon parterre de rosiers... dans l'allée des rosiers d'automne qui commencent à fleurir.

   Comme je m'arrêtais à regarder un *géant des batailles*[2], qui portait trois fleurs magnifiques, je vis, je vis distincte-540  ment, tout près de moi, la tige d'une de ces roses se plier, comme si une main invisible l'eût tordue, puis se casser, comme si cette main l'eût cueillie ! Puis la fleur s'éleva, suivant la courbe qu'aurait décrite un bras en la portant vers une bouche, et elle resta suspendue dans l'air transparent, 545  toute seule, immobile, effrayante tache rouge à trois pas de mes yeux.

   Éperdu, je me jetai sur elle pour la saisir ! Je ne trouvai rien ; elle avait disparu. Alors je fus pris d'une colère furieuse contre moi-même ; car il n'est pas permis à un homme 550  raisonnable et sérieux d'avoir de pareilles hallucinations[3].

**notes**

**1. dans les moelles :** au plus profond de moi.

**2. géant des batailles :** variété de rosier.

**3. hallucinations :** troubles psychiques qui font percevoir à une personne éveillée des choses irréelles.

Mais était-ce bien une hallucination ? Je me retournai pour chercher la tige, et je la retrouvai immédiatement sur l'arbuste, fraîchement brisée, entre les deux autres roses demeurées à la branche.

555 Alors, je rentrai chez moi l'âme bouleversée ; car je suis certain, maintenant, certain comme de l'alternance des jours et des nuits, qu'il existe près de moi un être invisible, qui se nourrit de lait et d'eau, qui peut toucher aux choses, les prendre et les changer de place, doué par conséquent d'une
560 nature matérielle, bien qu'imperceptible pour nos sens, et qui habite comme moi, sous mon toit...

*7 août.* – J'ai dormi tranquille. Il a bu l'eau de ma carafe, mais n'a point troublé mon sommeil.

Je me demande si je suis fou. En me promenant tantôt au
565 grand soleil, le long de la rivière, des doutes me sont venus sur ma raison, non point des doutes vagues comme j'en avais jusqu'ici, mais des doutes précis, absolus. J'ai vu des fous ; j'en ai connu qui restaient intelligents, lucides, clairvoyants même sur toutes les choses de la vie, sauf sur un point. Ils
570 parlaient de tout avec clarté, avec souplesse, avec profondeur et soudain leur pensée, touchant l'écueil de leur folie, s'y déchirait en pièces, s'éparpillait et sombrait dans cet océan effrayant et furieux, plein de vagues bondissantes, de brouillards, de bourrasques, qu'on nomme « la démence[1] ».
575 Certes, je me croirais fou, absolument fou, si je n'étais conscient, si je ne connaissais parfaitement mon état, si je ne le sondais en l'analysant avec une complète lucidité. Je ne

---

**notes**

**1. démence :** folie, perte
des facultés intellectuelles.

serais donc, en somme, qu'un halluciné raisonnant. Un trouble inconnu se serait produit dans mon cerveau, un de
580 ces troubles qu'essayent de noter et de préciser aujourd'hui les physiologistes[1] ; et ce trouble aurait déterminé dans mon esprit, dans l'ordre et la logique de mes idées, une crevasse profonde. Des phénomènes semblables ont lieu dans le rêve qui nous promène à travers les fantasmagories[2] les plus
585 invraisemblables, sans que nous en soyons surpris, parce que l'appareil vérificateur, parce que le sens du contrôle est endormi ; tandis que la faculté imaginative veille et travaille. Ne se peut-il pas qu'une des imperceptibles touches du clavier cérébral se trouve paralysée chez moi ? Des hommes,
590 à la suite d'accidents, perdent la mémoire des noms propres ou des verbes ou des chiffres, ou seulement des dates. Les localisations de toutes les parcelles de la pensée sont aujourd'hui prouvées. Or, quoi d'étonnant à ce que ma faculté de contrôler l'irréalité de certaines hallucinations, se trouve
595 engourdie chez moi en ce moment.

Je songeais à tout cela en suivant le bord de l'eau. Le soleil couvrait de clarté la rivière, faisait la terre délicieuse, emplissait mon regard d'amour pour la vie, pour les hirondelles, dont l'agilité est une joie de mes yeux, pour les herbes de la
600 rive, dont le frémissement est un bonheur pour mes oreilles.

Peu à peu, cependant, un malaise inexplicable me pénétrait. Une force, me semblait-il, une force occulte[3] m'engourdissait, m'arrêtait, m'empêchait d'aller plus loin, me rappelait en arrière. J'éprouvais ce besoin douloureux de

---

notes

**1. physiologistes :** ceux qui n'invoquent que des causes naturelles pour expliquer les phénomènes de la vie et de la pensée.

**2. fantasmagories :** spectacles irréels, visions.

**3. occulte :** cachée.

605 rentrer qui vous oppresse, quand on a laissé au logis un malade aimé, et que le pressentiment vous saisit d'une aggravation de son mal.

Donc, je revins malgré moi, sûr que j'allais trouver, dans ma maison, une mauvaise nouvelle, une lettre ou une 610 dépêche. Il n'y avait rien ; et je demeurai plus surpris et plus inquiet que si j'avais eu de nouveau quelque vision fantastique.

*8 août.* – J'ai passé hier une affreuse soirée. Il ne se manifeste plus, mais je le sens près de moi, m'épiant, me regar-615 dant, me pénétrant, me dominant et plus redoutable, en se cachant ainsi, que s'il signalait par des phénomènes surnaturels sa présence invisible et constante.

J'ai dormi, pourtant.

*9 août.* – Rien, mais j'ai peur.

620 *10 août.* – Rien ; qu'arrivera-t-il demain ?

*11 août.* – Toujours rien ; je ne puis plus rester chez moi avec cette crainte et cette pensée entrées en mon âme ; je vais partir.

*12 août, 10 heures du soir.* – Tout le jour j'ai voulu m'en 625 aller ; je n'ai pas pu. J'ai voulu accomplir cet acte de liberté si facile, si simple, – sortir – monter dans ma voiture pour gagner Rouen – je n'ai pas pu. Pourquoi ?

*13 août.* – Quand on est atteint par certaines maladies, tous les ressorts de l'être physique semblent brisés, toutes les 630 énergies anéanties, tous les muscles relâchés, les os devenus mous comme la chair et la chair liquide comme de l'eau. J'éprouve cela dans mon être moral d'une façon étrange et désolante. Je n'ai plus aucune force, aucun courage, aucune domination sur moi, aucun pouvoir même de mettre en mouvement ma volonté. Je ne peux plus vouloir ; mais quelqu'un veut pour moi ; et j'obéis.

*14 août.* – Je suis perdu ! Quelqu'un possède mon âme et la gouverne ! quelqu'un ordonne tous mes actes, tous mes mouvements, toutes mes pensées. Je ne suis plus rien en moi, rien qu'un spectateur esclave et terrifié de toutes les choses que j'accomplis. Je désire sortir. Je ne peux pas. Il ne veut pas ; et je reste, éperdu[1], tremblant, dans le fauteuil où il me tient assis. Je désire seulement me lever, me soulever, afin de me croire maître de moi. Je ne peux pas ! Je suis rivé à mon siège ; et mon siège adhère au sol, de telle sorte qu'aucune force ne nous soulèverait.

Puis, tout d'un coup, il faut, il faut, il faut que j'aille au fond de mon jardin cueillir des fraises et les manger. Et j'y vais. Je cueille des fraises et je les mange ! Oh ! mon Dieu ! Mon Dieu ! Mon Dieu ! Est-il un Dieu ? S'il en est un, délivrez-moi, sauvez-moi ! secourez-moi ! Pardon ! Pitié ! Grâce ! Sauvez-moi ! Oh ! quelle souffrance ! quelle torture ! quelle horreur !

*15 août.* – Certes, voilà comment était possédée et dominée ma pauvre cousine, quand elle est venue m'emprunter cinq mille francs. Elle subissait un vouloir étranger entré en elle, comme une autre âme, comme une autre âme parasite et dominatrice. Est-ce que le monde va finir ?

<u>notes</u>

**1. éperdu :** bouleversé.

Mais celui qui me gouverne, quel est-il, cet invisible ? cet
660 inconnaissable ; ce rôdeur d'une race surnaturelle ?

Donc les Invisibles existent ! Alors, comment, depuis
l'origine du monde ne se sont-ils pas encore manifestés
d'une façon précise comme ils le font pour moi ? Je n'ai
jamais rien lu qui ressemble à ce qui s'est passé dans ma
665 demeure. Oh ! si je pouvais la quitter, si je pouvais m'en
aller, fuir et ne pas revenir. Je serais sauvé, mais je ne peux
pas.

*16 août.* – J'ai pu m'échapper aujourd'hui pendant deux
heures, comme un prisonnier qui trouve ouverte, par hasard,
670 la porte de son cachot. J'ai senti que j'étais libre tout à coup
et qu'il était loin. J'ai ordonné d'atteler bien vite et j'ai gagné
Rouen. Oh ! quelle joie de pouvoir dire à un homme qui
obéit : « Allez à Rouen ! »

Je me suis fait arrêter devant la bibliothèque et j'ai prié
675 qu'on me prêtât le grand traité du docteur Hermann
Herestauss[1] sur les habitants inconnus du monde antique et
moderne.

Puis, au moment de remonter dans mon coupé, j'ai voulu
dire : « À la gare ! » et j'ai crié, – je n'ai pas dit, j'ai crié –
680 d'une voix si forte que les passants se sont retournés : « À la
maison », et je suis tombé, affolé d'angoisse, sur le coussin de
ma voiture. Il m'avait retrouvé et repris.

*17 août.* – Ah ! Quelle nuit ! quelle nuit ! Et pourtant il
me semble que je devrais me réjouir. Jusqu'à une heure du

---

<u>notes</u>

**1. Herestauss :** nom forgé
par Maupassant.

685 matin, j'ai lu ! Hermann Herestauss, docteur en philosophie et en théogonie[1], a écrit l'histoire et les manifestations de tous les êtres invisibles rôdant autour de l'homme ou rêvés par lui. Il décrit leurs origines, leur domaine, leur puissance. Mais aucun d'eux ne ressemble à celui qui me hante. On

690 dirait que l'homme, depuis qu'il pense, a pressenti et redouté un être nouveau, plus fort que lui, son successeur en ce monde, et que, le sentant proche et ne pouvant prévoir la nature de ce maître, il a créé, dans sa terreur, tout le peuple fantastique des êtres occultes[2], fantômes vagues nés de la

695 peur.

Donc, ayant lu jusqu'à une heure du matin, j'ai été m'asseoir ensuite auprès de ma fenêtre ouverte pour rafraîchir mon front et ma pensée au vent calme de l'obscurité.

Il faisait bon, il faisait tiède ! Comme j'aurais aimé cette

700 nuit-là autrefois !

Pas de lune. Les étoiles avaient au fond du ciel noir des scintillements frémissants. Qui habite ces mondes ? Quelles formes, quels vivants, quels animaux, quelles plantes sont là-bas ? Ceux qui pensent dans ces univers lointains, que

705 savent-ils plus que nous ? Que peuvent-ils plus que nous ? Que voient-ils que nous ne connaissons point ? Un d'eux, un jour ou l'autre, traversant l'espace, n'apparaîtra-t-il pas sur notre terre pour la conquérir, comme les Normands jadis traversaient la mer pour asservir[3] des peuples plus faibles ?

710 Nous sommes si infirmes, si désarmés, si ignorants, si petits, nous autres, sur ce grain de boue qui tourne délayé dans une goutte d'eau.

Je m'assoupis en rêvant ainsi au vent frais du soir.

---

_notes_

**1. théogonie :** généalogie des dieux.

**2. occultes :** cachés.

**3. asservir :** soumettre.

Or, ayant dormi environ quarante minutes, je rouvris les
715 yeux sans faire un mouvement, réveillé par je ne sais quelle
émotion confuse et bizarre. Je ne vis rien d'abord, puis, tout
à coup, il me sembla qu'une page du livre resté ouvert sur
ma table venait de tourner toute seule. Aucun souffle d'air
n'était entré par ma fenêtre. Je fus surpris et j'attendis. Au
720 bout de quarante minutes environ, je vis, je vis, oui je vis de
mes yeux une autre page se soulever et se rabattre sur la pré-
cédente, comme si un doigt l'eût feuilletée. Mon fauteuil
était vide, semblait vide ; mais je compris qu'il était là, assis à
ma place, et qu'il lisait. D'un bond furieux, d'un bond de
725 bête révoltée, qui va éventrer son dompteur, je traversai ma
chambre, pour le saisir, pour l'étreindre, pour le tuer !... Mais
mon siège, avant que je l'eusse atteint, se renversa comme si
on eût fui devant moi... ma table oscilla, ma lampe tomba et
s'éteignit, et ma fenêtre se ferma comme si un malfaiteur
730 surpris se fût lancé dans la nuit, en prenant à pleines mains
les battants.

Donc, il s'était sauvé ; il avait eu peur, peur de moi, lui !

Alors... alors... demain... ou après... ou un jour quelconque, je pourrai donc le tenir sous mes poings, et l'écra-
735 ser contre le sol ! Est-ce que les chiens, quelquefois, ne mor-
dent point et n'étranglent pas leurs maîtres ?

*18 août.* – J'ai songé toute la journée. Oh ! oui, je vais lui
obéir, suivre ses impulsions, accomplir toutes ses volontés,
me faire humble, soumis, lâche. Il est le plus fort. Mais une
740 heure viendra...

*19 août.* – Je sais... je sais... je sait tout ! Je viens de lire
ceci dans la *Revue du Monde scientifique* : « Une nouvelle assez
curieuse nous arrive de Rio de Janeiro. Une folie, une

épidémie de folie, comparable aux démences contagieuses
745 qui atteignirent les peuples d'Europe au Moyen Âge, sévit en
ce moment dans la province de San Paulo. Les habitants
éperdus quittent leurs maisons, désertent leurs villages, aban-
donnent leurs cultures, se disant poursuivis, possédés, gou-
vernés comme un bétail humain par des êtres invisibles bien
750 que tangibles[1], des sortes de vampires[2], qui se nourrissent de
leur vie pendant leur sommeil, et qui boivent en outre de
l'eau et du lait sans paraître toucher à aucun autre aliment.

« M. le professeur Don Pedro Henriquez, accompagné de
plusieurs savants médecins, est parti pour la province de San
755 Paulo, afin d'étudier sur place les origines et les manifestations de cette surprenante folie, et de proposer à l'Empereur
les mesures qui lui paraîtront les plus propres à rappeler à la
raison ces populations en délire. »

Ah ! Ah ! je me rappelle, je me rappelle le beau trois-mâts
760 brésilien qui passa sous mes fenêtres en remontant la Seine,
le 8 mai dernier ! Je le trouvai si joli, si blanc, si gai ! L'Être
était dessus, venant de là-bas, où sa race était née ! Et il m'a
vu ! Il a vu ma demeure blanche aussi ; et il a sauté du navire
sur la rive. Oh ! mon Dieu !

765 À présent, je sais, je devine. Le règne de l'homme est fini.

Il est venu, Celui que redoutaient les premières terreurs
des peuples naïfs, Celui qu'exorcisaient[3] les prêtres inquiets,
que les sorciers évoquaient[4] par les nuits sombres, sans le
voir apparaître encore, à qui les pressentiments des maîtres

**notes**

**1. tangibles :** qu'on peut toucher.

**2. vampires :** morts qui sortiraient de leur tombeau pour sucer le sang des

vivants. C'est aussi le nom de grandes chauves-souris d'Amérique du Sud qui se nourrissent de sang.

**3. exorcisaient :** chassaient par des prières.

**4. évoquaient :** faisaient apparaître.

770 passagers du monde prêtèrent toutes les formes monstrueuses ou gracieuses des gnomes[1], des esprits, des génies,
des fées, des farfadets[2]. Après les grossières conceptions de
l'épouvante primitive, des hommes plus perspicaces l'ont
pressenti plus clairement. Mesmer l'avait deviné, et les méde-
775 cins, depuis dix ans déjà, ont découvert, d'une façon précise,
la nature de sa puissance avant qu'il l'eût exercée lui-même.
Ils ont joué avec cette arme du Seigneur nouveau, la domination d'un mystérieux vouloir sur l'âme humaine devenue
esclave. Ils ont appelé cela magnétisme[3], hypnotisme, sug-
780 gestion... que sais-je ? Je les ai vus s'amuser comme des
enfants imprudents avec cette terrible puissance ! Malheur à
nous ! Malheur à l'homme ! Il est venu, le... le... comment
se nomme-t-il... le... il semble qu'il me crie son nom, et je
ne l'entends pas... le... oui... il le crie... J'écoute... Je ne peux
785 pas... répète... le... Horla... J'ai entendu... le Horla... c'est lui...
le Horla... il est venu !...

Ah ! le vautour a mangé la colombe ; le loup a mangé le
mouton ; le lion a dévoré le buffle aux cornes aiguës ;
l'homme a tué le lion avec la flèche, avec le glaive, avec la
790 poudre ; mais le Horla va faire de l'homme ce que nous
avons fait du cheval et du bœuf : sa chose, son serviteur et sa
nourriture, par la seule puissance de sa volonté. Malheur à
nous !

Pourtant, l'animal, quelquefois, se révolte et tue celui qui
795 l'a dompté... moi aussi je veux... je pourrai... mais il faut le
connaître, le toucher, le voir ! Les savants disent que l'œil de
la bête, différent du nôtre, ne distingue point comme le

---

**notes**

**1. gnomes :** nains difformes.
**2. farfadets :** lutins, petits personnages malicieux.

**3. magnétisme :** « magnétisme animal », influence que pourrait exercer une personne sur une autre en utilisant son fluide magnétique. Théorie du médecin allemand Mesmer (Franz Anton).

nôtre... Et mon œil à moi ne peut distinguer le nouveau venu qui m'opprime.

800 Pourquoi ? Oh ! je me rappelle à présent les paroles du moine du mont Saint-Michel : « Est-ce que nous voyons la cent millième partie de ce qui existe ? Tenez, voici le vent qui est la plus grande force de la nature, qui renverse les hommes, abat les édifices, déracine les arbres, soulève la mer
805 en montagnes d'eau, détruit les falaises et jette aux brisants les grands navires, le vent qui tue, qui siffle, qui gémit, qui mugit, l'avez-vous vu et pouvez-vous le voir ? il existe pourtant ! »

Et je songeais encore : mon œil est si faible, si imparfait,
810 qu'il ne distingue même point les corps durs, s'ils sont transparents comme le verre !... Qu'une glace sans tain[1] barre mon chemin, il me jette dessus comme l'oiseau entré dans une chambre se casse la tête aux vitres. Mille choses en outre le trompent et l'égarent ! Quoi d'étonnant, alors, à ce
815 qu'il ne sache point apercevoir un corps nouveau que la lumière traverse.

Un être nouveau ! pourquoi pas ? Il devait venir assuré-ment ! pourquoi serions-nous les derniers ? Nous ne le distinguons point, ainsi que tous les autres créés avant nous ?
820 C'est que sa nature est plus parfaite, son corps plus fin et plus fini que le nôtre, que le nôtre si faible, si maladroitement conçu, encombré d'organes toujours fatigués, toujours forcés comme des ressorts trop complexes, que le nôtre, qui vit comme une plante et comme une bête, en se nourrissant

notes

**1. tain :** couche d'étain dont on revêt l'envers d'une glace pour qu'elle réfléchisse la lumière.

*825* péniblement d'air, d'herbe et de viande, machine animale en proie aux maladies, aux déformations, aux putréfactions, poussive, mal réglée, naïve et bizarre, ingénieusement mal faite, œuvre grossière et délicate, ébauche d'être qui pourrait devenir intelligent et superbe.

*830* Nous sommes quelques-uns, si peu sur ce monde, depuis l'huître jusqu'à l'homme. Pourquoi pas un de plus, une fois accomplie la période qui sépare les apparitions successives de toutes les espèces diverses ?

Pourquoi pas un de plus ? Pourquoi pas aussi d'autres *835* arbres aux fleurs immenses, éclatantes et parfumant des régions entières ? Pourquoi pas d'autres éléments que le feu, l'air, la terre et l'eau ? – Ils sont quatre, rien que quatre, ces pères nourriciers des êtres ! Quelle pitié ! Pourquoi ne sont-ils pas quarante, quatre cents, quatre mille ! Comme tout est *840* pauvre, mesquin, misérable ! avarement donné, sèchement inventé, lourdement fait ! Ah ! l'éléphant, l'hippopotame, que de grâce ! Le chameau, que d'élégance !

Mais direz-vous, le papillon ! une fleur qui vole ! J'en rêve un qui serait grand comme cent univers, avec des ailes *845* dont je ne puis même exprimer la forme, la beauté, la couleur et le mouvement. Mais je le vois... il va d'étoile en étoile, les rafraîchissant et les embaumant au souffle harmonieux et léger de sa course !... Et les peuples de là-haut le regardent passer, extasiés et ravis !...

*850* Qu'ai-je donc ? C'est lui, lui, le Horla, qui me hante, qui me fait penser ces folies ! Il est en moi, il devient mon âme ; je le tuerai !

*19 août.* – Je le tuerai. Je l'ai vu ! je me suis assis hier soir, à ma table ; et je fis semblant d'écrire avec une grande

855 attention. Je savais bien qu'il viendrait rôder autour de moi, tout près, si près que je pourrais peut-être le toucher, le saisir ? Et alors !... alors, j'aurais la force des désespérés ; j'aurais mes mains, mes genoux, ma poitrine, mon front, mes dents pour l'étrangler, l'écraser, le mordre, le déchirer.

860 Et je le guettais avec tous mes organes surexcités.

J'avais allumé mes deux lampes et les huit bougies de ma cheminée, comme si j'eusse pu, dans cette clarté, le découvrir.

En face de moi, mon lit, un vieux lit de chêne à colonnes ;
865 à droite, ma cheminée ; à gauche, ma porte fermée avec soin, après l'avoir laissée longtemps ouverte, afin de l'attirer ; derrière moi, une très haute armoire à glace, qui me servait chaque jour pour me raser, pour m'habiller, et où j'avais coutume de me regarder, de la tête aux pieds, chaque fois
870 que je passais devant.

Donc, je faisais semblant d'écrire, pour le tromper, car il m'épiait lui aussi ; et soudain, je sentis, je fus certain qu'il lisait par-dessus mon épaule, qu'il était là, frôlant mon oreille.

875 Je me dressai, les mains tendues, en me tournant si vite que je faillis tomber. Eh bien ?... on y voyait comme en plein jour, et je ne me vis pas dans ma glace !... Elle était vide, claire, profonde, pleine de lumière ! Mon image n'était pas dedans... et j'étais en face, moi ! Je voyais le grand verre
880 limpide du haut en bas. Et je regardais cela avec des yeux affolés ; et je n'osais plus avancer, je n'osais plus faire un mouvement, sentant bien pourtant qu'il était là, mais qu'il m'échappait encore, lui dont le corps imperceptible avait dévoré mon reflet.

885 Comme j'eus peur ! Puis voilà que tout à coup je commençai à m'apercevoir dans une brume, au fond du miroir,

**Couverture de la revue *La Vie populaire*, du 9 décembre 1886.
Dessin gravé sur bois.**

Dessin de Julian-Damazy, gravé sur bois par G. Lemoine,
pour *Le Horla* (1903).

dans une brume comme à travers une nappe d'eau ; et il me semblait que cette eau glissait de gauche à droite, lentement, rendant plus précise mon image, de seconde en seconde.

890 C'était comme la fin d'une éclipse. Ce qui me cachait ne me paraissait point posséder de contours nettement arrêtés, mais une sorte de transparence opaque[1], s'éclaircissant peu à peu.

Je pus enfin me distinguer complètement, ainsi que je le fais chaque jour en me regardant.

895 Je l'ai vu ! L'épouvante m'en est restée, qui me fait encore frissonner.

*20 août.* – Le tuer, comment ? puisque je ne peux l'atteindre ? Le poison ? mais il me verrait le mêler à l'eau ; et nos poisons, d'ailleurs, auraient-ils un effet sur son corps

900 imperceptible ? Non... non... sans aucun doute... Alors ?... alors ?...

*21 août.* – J'ai fait venir un serrurier de Rouen, et lui ai commandé pour ma chambre des persiennes de fer, comme en ont, à Paris, certains hôtels particuliers, au rez-de-

905 chaussée, par crainte des voleurs. Il me fera, en outre, une porte pareille. Je me suis donné pour un poltron, mais je m'en moque !...

*10 septembre.* – Rouen, hôtel Continental. C'est fait... c'est fait... mais est-il mort ? J'ai l'âme bouleversée de ce que

910 j'ai vu.

**notes**

**1. opaque :** qui ne laisse pas passer la lumière.

Hier donc, le serrurier ayant posé ma persienne et ma porte de fer, j'ai laissé tout ouvert jusqu'à minuit, bien qu'il commençât à faire froid.

Tout à coup, j'ai senti qu'il était là, et une joie, une joie
915 folle m'a saisi. Je me suis levé lentement, et j'ai marché à droite, à gauche, longtemps pour qu'il ne devinât rien ; puis j'ai ôté mes bottines et mis mes savates avec négligence ; puis j'ai fermé ma persienne de fer, et revenant à pas tranquilles vers la porte, j'ai fermé la porte aussi à double tour.
920 Retournant alors vers la fenêtre, je la fixai par un cadenas, dont j'ai mis la clef dans ma poche.

Tout à coup, je compris qu'il s'agitait autour de moi, qu'il avait peur à son tour, qu'il m'ordonnait d'ouvrir. Je faillis céder ; je ne cédai pas, mais m'adossant à la porte, je l'entre-
925 bâillai, tout juste assez pour passer, moi, à reculons ; et comme je suis très grand ma tête touchait au linteau[1]. J'étais sûr qu'il n'avait pu s'échapper et je l'enfermai, tout seul, tout seul. Quelle joie ! Je le tenais ! Alors, je descendis, en courant ; je pris dans mon salon, sous ma chambre, mes deux
930 lampes et je renversai toute l'huile sur le tapis, sur les meubles, partout ; puis j'y mis le feu, et je me sauvais, après avoir bien refermé, à double tour, la grande porte d'entrée.

Et j'allai me cacher au fond de mon jardin, dans un massif de lauriers. Comme ce fut long ! comme ce fut long !
935 Tout était noir, muet, immobile ; pas un souffle d'air, pas une étoile, des montagnes de nuages qu'on ne voyait point, mais qui pesaient sur mon âme si lourds, si lourds.

**notes**

**1. linteau :** pièce de bois ou de pierre placée horizontalement au-dessus d'une porte.

Je regardais ma maison, et j'attendais. Comme ce fut long ! Je croyais déjà que le feu s'était éteint tout seul, ou qu'il l'avait éteint, Lui, quand une des fenêtres d'en bas creva sous la poussée de l'incendie, et une flamme, une grande flamme rouge et jaune, longue, molle, caressante, monta le long du mur blanc et le baisa jusqu'au toit. Une lueur courut dans les arbres, dans les branches, dans les feuilles, et un frisson, un frisson de peur aussi. Les oiseaux se réveillaient ; un chien se mit à hurler ; il me sembla que le jour se levait ! Deux autres fenêtres éclatèrent aussitôt, et je vis que tout le bas de ma demeure n'était plus qu'un effrayant brasier. Mais un cri, un cri horrible, suraigu, déchirant, un cri de femme passa dans la nuit, et deux mansardes[1] s'ouvrirent ! J'avais oublié mes domestiques ! Je vis leurs faces affolées, et leurs bras qui s'agitaient !...

Alors, éperdu d'horreur, je me mis à courir vers le village en hurlant : « Au secours ! au secours ! au feu ! au feu ! » Je rencontrai des gens qui s'en venaient déjà et je retournai avec eux, pour voir !

La maison, maintenant, n'était plus qu'un bûcher horrible et magnifique, un bûcher monstrueux, éclairant toute la terre, un bûcher où brûlaient des hommes, et où il brûlait aussi, Lui, Lui, mon prisonnier, l'Être nouveau, le nouveau maître, le Horla !

Soudain le toit tout entier s'engloutit entre les murs, et un volcan de flammes jaillit jusqu'au ciel. Par toutes les fenêtres ouvertes sur la fournaise, je voyais la cuve de feu, et je pensais qu'il était là, dans ce four, mort...

**notes**

**1. mansardes :** petites chambres aménagées sous les toits.

– Mort ? Peut-être... Son corps ? son corps que le jour traversait n'était-il pas indestructible par les moyens qui tuent les nôtres ?

S'il n'était pas mort ?... seul peut-être le temps a prise sur l'Être Invisible et Redoutable. Pourquoi ce corps transparent, ce corps inconnaissable, ce corps d'Esprit, s'il devait craindre, lui aussi, les maux, les blessures, les infirmités, la destruction prématurée ?

La destruction prématurée ? toute l'épouvante humaine vient d'elle ! Après l'homme, le Horla. – Après celui qui peut mourir tous les jours, à toutes les heures, à toutes les minutes, par tous les accidents, est venu celui qui ne doit mourir qu'à son jour, à son heure, à sa minute, parce qu'il a touché la limite de son existence !

Non... non... sans aucun doute, sans aucun doute... il n'est pas mort... Alors... alors... il va donc falloir que je me tue, moi !...

# Au fil du texte

## Avez-vous bien lu ?

**1.** Que rappellent les notations du 2 août ?

**2.** À quelle scène étrange le narrateur* assiste-t-il
peu après son retour ?

**3.** Quels sentiments les brèves notations du 8
au 12 août traduisent-elles ?

*narrateur :
celui qui
raconte.*

**4.** Montrez que l'« *être invisible* » (ligne 557)
se montre de plus en plus tyrannique (8-16 août).

**5.** Combien de temps s'est-il écoulé entre le début
et la fin du journal ?

**6.** Pourquoi le récit a-t-il commencé le 8 mai ?

**7.** Comparez l'état d'esprit du narrateur le 8 mai
et le 10 septembre.

**8.** Pourquoi le narrateur choisit-il le feu et non
le poison pour tuer le Horla ?

**9.** Pourquoi pense-t-il désormais avoir le suicide
pour unique recours ?

## Étudier la grammaire

**10.** « *Je me demande si je suis fou* » (ligne 564),
« *je me croirais fou […] si je n'étais conscient* »
(ligne 575) : distinguez les valeurs de *si*.

**11.** « *Mais mon siège, avant que je l'eusse atteint,
se renversa comme si on eût fui devant moi…* »
*a)* Identifiez les formes verbales.
*b)* Réécrivez cette phrase en mettant le verbe
au présent.

## ÉTUDIER LE GENRE FANTASTIQUE

**12.** Quels sont les thèmes fantastiques évoqués ici ?

## ÉTUDIER UN THÈME :
## LES LIMITES DE L'HOMME

**13.** Le 19 août (mais aussi le 12 mai et le 2 juillet), le narrateur déplore les faiblesses de l'être humain. Pourquoi, selon lui, l'homme est-il limité ?

## ÉTUDIER L'ÉCRITURE

**14.** À quoi « *la démence* » est-elle comparée (7 août) ? Relevez tous les termes qui filent la métaphore*.

**15.** Dans les lignes 782 à 793 et 834 à 842, quels sont les signes de ponctuation dominants ? Qu'expriment-ils ?

**16.** Relevez tous les termes entrant dans le champ lexical* du feu (lignes 938 à 961).

**métaphore :** rapprochement de termes exprimé sans mots outils, de façon implicite.

**champ lexical :** ensemble de mots se rapportant à une même idée.

## À VOS PLUMES !

**17.** Le surlendemain, le journal local relate l'incendie de la maison. Rédigez cet article.

**18.** Quelque temps après avoir lu *Le Horla*, vous avez fait un cauchemar : racontez-le (en reprenant ou en déformant certaines données du texte).

## LIRE L'IMAGE !

**19.** Dans les deux illustrations des pages 46 et 47, de quelle façon les dessinateurs ont-ils rendu l'effet de surprise ? À quels passages précis du texte ces images renvoient-elles ?

# La Peur (1)

*À J.-K. Huysmans[1].*

On remonta sur le pont après dîner. Devant nous, la Méditerranée n'avait pas un frisson sur toute sa surface, qu'une grande lune calme moirait[2]. Le vaste bateau glissait, jetant sur le ciel, qui semblait ensemencé
5  d'étoiles, un gros serpent de fumée noire ; et, derrière nous, l'eau toute blanche, agitée par le passage rapide du lourd bâtiment, battue par l'hélice, moussait, semblait se tordre, remuait tant de clartés qu'on eût dit de la lumière de lune bouillonnant.

10  Nous étions là, six ou huit, silencieux, admirant, l'œil tourné vers l'Afrique lointaine où nous allions. Le commandant, qui fumait un cigare au milieu de nous, reprit soudain la conversation du dîner.

---

**notes**

**1. Huysmans (Joris-Karl) :** écrivain français (1848-1907). Il participa aux Soirées de Médan (*cf.* p. 142).

**2. moirait :** rendait semblable à une moire, étoffe de soie aux reflets changeants.

— Oui, j'ai eu peur ce jour-là. Mon navire est resté six
heures avec ce rocher dans le ventre, battu par la mer.
Heureusement que nous avons été recueillis, vers le soir, par
un charbonnier[1] anglais qui nous aperçut.

Alors un grand homme à figure brûlée, à l'aspect grave,
un de ces hommes qu'on sent avoir traversé de longs pays
inconnus, au milieu de dangers incessants, et dont l'œil tranquille semble garder, dans sa profondeur, quelque chose des
paysages étranges qu'il a vus ; un de ces hommes qu'on
devine trempés dans le courage, parla pour la première fois :

— Vous dites, commandant, que vous avez eu peur ; je
n'en crois rien. Vous vous trompez sur le mot et sur la sensation que vous avez éprouvée. Un homme énergique n'a
jamais peur en face du danger pressant. Il est ému, agité,
anxieux ; mais la peur, c'est autre chose.

Le commandant reprit en riant :

— Fichtre ! je vous réponds bien que j'ai eu peur, moi.

Alors l'homme au teint bronzé prononça d'une voix
lente :

— Permettez-moi de m'expliquer ! La peur (et les
hommes les plus hardis peuvent avoir peur), c'est quelque
chose d'effroyable, une sensation atroce, comme une décom-
position de l'âme, un spasme[2] affreux de la pensée et du
cœur, dont le souvenir seul donne des frissons d'angoisse.
Mais cela n'a lieu, quand on est brave, ni devant une attaque,
ni devant la mort inévitable, ni devant toutes les formes
connues du péril : cela a lieu dans certaines circonstances
anormales, sous certaines influences mystérieuses en face de
risques vagues. La vraie peur, c'est quelque chose comme

**notes**

**1. charbonnier :** cargo
transportant du charbon.

**2. spasme :** contraction
involontaire d'un muscle.

une réminiscence[1] des terreurs fantastiques d'autrefois. Un homme qui croit aux revenants, et qui s'imagine apercevoir un spectre[2] dans la nuit, doit éprouver la peur en toute son épouvantable horreur.

Moi, j'ai deviné la peur en plein jour, il y a dix ans environ. Je l'ai ressentie, l'hiver dernier, par une nuit de décembre.

Et, pourtant, j'ai traversé bien des hasards, bien des aventures qui semblaient mortelles. Je me suis battu souvent. J'ai été laissé pour mort par des voleurs. J'ai été condamné, comme insurgé[3], à être pendu, en Amérique, et jeté à la mer du pont d'un bâtiment des côtes de Chine. Chaque fois je me suis cru perdu, j'en ai pris immédiatement mon parti, sans attendrissement et même sans regrets.

Mais la peur, ce n'est pas cela.

Je l'ai pressentie en Afrique. Et pourtant elle est fille du Nord ; le soleil la dissipe comme un brouillard. Remarquez bien ceci, messieurs. Chez les Orientaux, la vie ne compte pour rien ; on est résigné tout de suite ; les nuits sont claires et vides de légendes, les âmes aussi vides des inquiétudes sombres qui hantent les cerveaux dans les pays froids. En Orient, on peut connaître la panique[4], on ignore la peur.

Eh bien, voici ce qui m'est arrivé sur cette terre d'Afrique :

Je traversais les grandes dunes au sud de Ouargla[5]. C'est là un des plus étranges pays du monde. Vous connaissez le sable uni, le sable droit des interminables plages de l'Océan. Eh bien, figurez-vous l'Océan lui-même devenu sable au

milieu d'un ouragan ; imaginez une tempête silencieuse de vagues immobiles en poussière jaune. Elles sont hautes comme des montagnes, ces vagues inégales, différentes, soulevées tout à fait comme des flots déchaînés, mais plus
75 grandes encore, et striées comme de la moire[1]. Sur cette mer furieuse, muette et sans mouvement, le dévorant soleil du sud verse sa flamme implacable et directe. Il faut gravir ces lames de cendre d'or, redescendre ; gravir encore, gravir sans cesse, sans repos et sans ombre. Les chevaux râlent, s'enfon-
80 cent jusqu'aux genoux, et glissent en dévalant l'autre versant des surprenantes collines.

Nous étions deux amis suivis de huit spahis[2] et de quatre chameaux avec leurs chameliers. Nous ne parlions plus, accablés de chaleur, de fatigue et desséchés de soif comme
85 ce désert ardent. Soudain un de ces hommes poussa une sorte de cri ; tous s'arrêtèrent ; et nous demeurâmes immobiles, surpris par un inexplicable phénomène connu des voyageurs en ces contrées perdues.

Quelque part, près de nous, dans une direction indéter-
90 minée, un tambour battait, le mystérieux tambour des dunes ; il battait distinctement, tantôt plus vibrant, tantôt affaibli, arrêtant, puis reprenant son roulement fantastique.

Les Arabes, épouvantés, se regardaient ; et l'un dit, en sa langue : « La mort est sur nous. » Et voilà que tout à coup
95 mon compagnon, mon ami, presque mon frère, tomba de cheval, la tête en avant, foudroyé par une insolation.

Et pendant deux heures, pendant que j'essayais en vain de le sauver, toujours ce tambour insaisissable m'emplissait

---

notes

**1. moire :** étoffe de soie aux reflets changeants.

**2. spahis :** cavaliers des corps auxiliaires indigènes de l'armée française.

l'oreille de son bruit monotone, intermittent[1] et incompréhensible ; et je sentais se glisser dans mes os la peur, la vraie peur, la hideuse peur, en face de ce cadavre aimé, dans ce trou incendié par le soleil entre quatre monts de sable, tandis que l'écho inconnu nous jetait, à deux cents lieues[2] de tout village français, le battement rapide du tambour.

Ce jour-là, je compris ce que c'était que d'avoir peur ; je l'ai su mieux encore une autre fois...

Le commandant interrompit le conteur :

« Pardon, monsieur, mais ce tambour ? Qu'était-ce ? »

Le voyageur répondit :

– Je n'en sais rien. Personne ne sait. Les officiers, surpris souvent par ce bruit singulier, l'attribuent généralement à l'écho grossi, multiplié, démesurément enflé par les vallonnements des dunes, d'une grêle de grains de sable emportés dans le vent et heurtant une touffe d'herbes sèches ; car on a toujours remarqué que le phénomène se produit dans le voisinage de petites plantes brûlées par le soleil, et dures comme du parchemin.

Ce tambour ne serait donc qu'une sorte de mirage du son. Voilà tout. Mais je n'appris cela que plus tard.

J'arrive à ma seconde émotion.

C'était l'hiver dernier, dans une forêt du nord-est de la France. La nuit vint deux heures plus tôt, tant le ciel était sombre. J'avais pour guide un paysan qui marchait à mon côté, par un tout petit chemin, sous une voûte de sapins dont le vent déchaîné tirait des hurlements. Entre les cimes, je voyais courir des nuages en déroute, des nuages éperdus qui semblaient fuir devant une épouvante. Parfois, sous une

notes

**1. intermittent :** qui s'arrête et reprend par intervalles.

**2. lieue :** une lieue équivaut à environ 4 km.

immense rafale, toute la forêt s'inclinait dans le même sens avec un gémissement de souffrance ; et le froid m'envahis-
130 sait, malgré mon pas rapide et mon lourd vêtement.

Nous devions souper et coucher chez un garde forestier dont la maison n'était plus éloignée de nous. J'allais là pour chasser.

Mon guide, parfois, levait les yeux et murmurait : « Triste
135 temps ! » Puis il me parla des gens chez qui nous arrivions. Le père avait tué un braconnier[1] deux ans auparavant, et, depuis ce temps, il semblait sombre, comme hanté d'un sou-venir. Ses deux fils, mariés, vivaient avec lui.

Les ténèbres étaient profondes. Je ne voyais rien devant
140 moi, ni autour de moi, et toute la branchure des arbres entrechoqués emplissait la nuit d'une rumeur incessante. Enfin, j'aperçus une lumière, et bientôt mon compagnon heurtait une porte. Des cris aigus de femmes nous répondi-rent. Puis, une voix d'homme, une voix étranglée, demanda :
145 « Qui va là ? » Mon guide se nomma. Nous entrâmes. Ce fut un inoubliable tableau.

Un vieux[2] homme à cheveux blancs, à l'œil fou, le fusil chargé dans la main, nous attendait debout au milieu de la cuisine, tandis que deux grands gaillards, armés de haches,
150 gardaient la porte. Je distinguai dans les coins sombres deux femmes à genoux, le visage caché contre le mur.

On s'expliqua. Le vieux remit son arme contre le mur et ordonna de préparer ma chambre ; puis, comme les femmes ne bougeaient point, il me dit brusquement :

---

**notes**

**1. braconnier :** celui qui braconne, c'est-à-dire qui chasse ou pêche illégalement.

**2. vieux :** on dit *vieil* aujourd'hui devant les noms masculins commençant par une voyelle ou un *h* aspiré.

155 « Voyez-vous, monsieur, j'ai tué un homme, voilà deux ans, cette nuit. L'autre année, il est revenu m'appeler. Je l'attends encore ce soir. »

Puis il ajouta d'un ton qui me fit sourire :

« Aussi, nous ne sommes pas tranquilles. »

160 Je le rassurai comme je pus, heureux d'être venu justement ce soir-là, et d'assister au spectacle de cette terreur superstitieuse. Je racontai des histoires, et je parvins à calmer à peu près tout le monde.

Près du foyer, un vieux chien, presque aveugle et mous-
165 tachu, un de ces chiens qui ressemblent à des gens qu'on connaît, dormait le nez dans ses pattes.

Au-dehors, la tempête acharnée battait la petite maison, et, par un étroit carreau, une sorte de judas[1] placé près de la porte, je voyais soudain tout un fouillis d'arbres bousculés
170 par le vent à la lueur de grands éclairs.

Malgré mes efforts, je sentais bien qu'une terreur profonde tenait ces gens, et chaque fois que je cessais de parler, toutes les oreilles écoutaient au loin. Las d'assister à ces craintes imbéciles, j'allais demander à me coucher, quand le
175 vieux garde tout à coup fit un bond de sa chaise, saisit de nouveau son fusil, en bégayant d'une voix égarée : « Le voilà ! le voilà ! Je l'entends ! » Les deux femmes retombèrent à genoux dans leurs coins en se cachant le visage ; et les fils reprirent leurs haches. J'allais tenter encore de les apaiser,
180 quand le chien endormi s'éveilla brusquement et, levant sa tête, tendant le cou, regardant vers le feu de son œil presque éteint, il poussa un de ces lugubres hurlements qui font

notes

**1. judas :** petite ouverture pratiquée dans une porte.

loin. Las
d'assister à
ces craintes imbéciles,
j'allais demander à me coucher, quand le vieux
garde tout à coup fit un bond de sa chaise, saisit de

Gravure d'après Luc Barbut d'Aubry, extraite des *Contes choisis* de Maupassant publiés à la Librairie Illustrée, Paris, 1886.

tressaillir les voyageurs, le soir, dans la campagne. Tous les yeux se portèrent sur lui, il restait maintenant immobile,
185 dressé sur ses pattes comme hanté d'une vision, et il se remit à hurler vers quelque chose d'invisible, d'inconnu, d'affreux sans doute, car tout son poil se hérissait. Le garde, livide, cria : « Il le sent ! il le sent ! il était là quand je l'ai tué. » Et les deux femmes égarées se mirent, toutes les deux, à hurler avec
190 le chien.

Malgré moi, un grand frisson me courut entre les épaules. Cette vision de l'animal dans ce lieu, à cette heure, au milieu de ces gens éperdus[1], était effrayante à voir.

Alors, pendant une heure, le chien hurla sans bouger ; il
195 hurla comme dans l'angoisse d'un rêve ; et la peur, l'épouvantable peur entrait en moi ; la peur de quoi ? Le sais-je ? C'était la peur, voilà tout.

Nous restions immobiles, livides, dans l'attente d'un événement affreux, l'oreille tendue, le cœur battant, bouleversés
200 au moindre bruit. Et le chien se mit à tourner autour de la pièce, en sentant les murs et gémissant toujours. Cette bête nous rendait fous ! Alors, le paysan qui m'avait amené se jeta sur elle, dans une sorte de paroxysme[2] de terreur furieuse, et, ouvrant une porte donnant sur une petite cour, jeta l'animal
205 dehors.

Il se tut aussitôt ; et nous restâmes plongés dans un silence plus terrifiant encore. Et soudain, tous ensemble, nous eûmes une sorte de sursaut : un être glissait contre le mur du dehors vers la forêt ; puis il passa contre la porte, qu'il sembla tâter,

---

**notes**

**1. éperdus :** affolés.

**2. paroxysme :** le point le plus aigu d'une émotion.

210 d'une main hésitante ; puis on n'entendit plus rien pendant deux minutes qui firent de nous des insensés ; puis il revint, frôlant toujours la muraille ; et il gratta légèrement, comme ferait un enfant avec son ongle ; puis soudain une tête apparut contre la vitre du judas, une tête blanche avec des yeux
215 lumineux comme ceux des fauves. Et un son sortit de sa bouche, un son indistinct, un murmure plaintif.

Alors un bruit formidable éclata dans la cuisine. Le vieux garde avait tiré. Et aussitôt les fils se précipitèrent, bouchèrent le judas en dressant la grande table qu'ils assujettirent[1]
220 avec le buffet.

Et je vous jure qu'au fracas du coup de fusil que je n'attendais point, j'eus une telle angoisse du cœur, de l'âme et du corps, que je me sentis défaillir, prêt à mourir de peur.

Nous restâmes là jusqu'à l'aurore, incapables de bouger,
225 de dire un mot, crispés dans un affolement indicible.

On n'osa débarricader la sortie qu'en apercevant, par la fente d'un auvent[2], un mince rayon de jour.

Au pied du mur, contre la porte, le vieux chien gisait, la gueule brisée d'une balle.

230 Il était sorti de la cour en creusant un trou sous une palissade. »

L'homme au visage brun se tut ; puis il ajouta :

– Cette nuit-là pourtant, je ne courus aucun danger ; mais j'aimerais mieux recommencer toutes les heures où j'ai
235 affronté les plus terribles périls, que la seule minute du coup de fusil sur la tête barbue du judas.

**notes**

1. *assujettirent :* fixèrent solidement.

2. *auvent :* petit toit au-dessus d'une porte.

# Au fil du texte

## AVEZ-VOUS BIEN LU ?

**1.** Quelle est la situation d'énonciation★, au début de ce conte ?

**2.** Le narrateur★ des deux récits peut-il être soupçonné de couardise★ ?

**3.** Recopiez et complétez le tableau suivant :

*situation d'énonciation :* **conditions dans lesquelles sont prononcées certaines paroles (Qui parle ? À qui ? Dans quelles circonstances ? À quel sujet ?).**

*narrateur :* **celui qui raconte.**

*couardise :* **poltronnerie, lâcheté.**

*préfixe :* **dans un mot composé, c'est l'élément qui est placé devant le radical.**

|  | 1ᵉʳ récit | 2ᵉ récit |
|---|---|---|
| Lieu de l'action |  |  |
| Saison |  |  |
| Durée de l'événement |  |  |
| Conditions atmosphériques |  |  |
| Nombre de personnages |  |  |
| Péripéties |  |  |

**4.** Les deux récits se déroulent dans des cadres tout à fait différents. Que peut-on en conclure à propos de la peur ?

## ÉTUDIER LE VOCABULAIRE

**5.** « *Interminables* » (ligne 69), « *inexplicable* » (ligne 87) : comment ces mots sont-ils formés ?

**6.** « *Immobile* » (ligne 86), « *indéterminée* » (ligne 89), « *inconnu* » (ligne 103) : quel est, dans ces mots, la valeur du préfixe★ ?

# ÉTUDIER L'ÉCRITURE

**7.** Vers la fin de l'introduction, relevez les deux phrases qui annoncent les deux récits.

**8.** Dans la description des dunes (lignes 67 à 81), relevez les termes appartenant au champ lexical★ de la mer.

**9.** Dans ce même paragraphe, relevez ensuite les comparaisons★.

**10.** À quel moment l'ami du narrateur s'écroule-t-il ? Quelles paroles ont précédé cet événement ? Quel est l'effet recherché ?

**11.** Étudiez les contrastes que présentent les deux récits (situation géographique, moment, durée, etc.).

**12.** Dans la description du chien qui est faite au cours du second récit, relevez la phrase qui annonce la méprise du dénouement★.

**champ lexical :** ensemble de mots se rapportant à une même idée.

**comparaison :** rapprochement de termes exprimé à l'aide de mots outils (comme, ainsi que…).

**dénouement :** manière dont le récit s'achève.

# ÉTUDIER LE GENRE FANTASTIQUE

**13.** Pourquoi le roulement du tambour est-il qualifié de « *fantastique* » (ligne 92) ?

**14.** D'après les lignes 158 à 197, quelles circonstances ont provoqué la peur du narrateur ?

**15.** Le fait rapporté dans le premier récit a-t-il une explication rationnelle ? Et dans le second ?

**16.** Lequel des deux récits peut donc être qualifié de fantastique ? (Voir le chapitre « Un genre littéraire : le conte fantastique », page 145.)

# À VOS PLUMES !

**17.** Le narrateur s'est tu. Imaginez les commentaires du commandant et des passagers.

## La Main

On faisait cercle autour de M. Bermutier, juge d'instruction, qui donnait son avis sur l'affaire mystérieuse de Saint-Cloud. Depuis un mois, cet inexplicable crime affolait Paris. Personne n'y comprenait rien.

M. Bermutier, debout, le dos à la cheminée, parlait, assemblait les preuves, discutait les diverses opinions, mais ne concluait pas.

Plusieurs femmes s'étaient levées pour s'approcher et demeuraient debout, l'œil fixé sur la bouche rasée du magistrat d'où sortaient les paroles graves. Elles frissonnaient, vibraient, crispées par leur peur curieuse, par l'avide et insatiable besoin d'épouvante qui hante leur âme, les torture comme une faim.

Une d'elles, plus pâle que les autres, prononça pendant un silence :

– C'est affreux. Cela touche au « surnaturel ». On ne saura jamais rien.

Le magistrat se tourna vers elle :

– Oui, madame, il est probable qu'on ne saura jamais

rien. Quant au mot « surnaturel » que vous venez d'employer, il n'a rien à faire ici. Nous sommes en présence d'un crime fort habilement conçu, fort habilement exécuté, si bien enveloppé de mystère que nous ne pouvons le dégager des circonstances impénétrables qui l'entourent. Mais j'ai eu, moi, autrefois, à suivre une affaire où vraiment semblait se mêler quelque chose de fantastique. Il a fallu l'abandonner, d'ailleurs, faute de moyens de l'éclaircir.

Plusieurs femmes prononcèrent en même temps, si vite que leurs voix n'en firent qu'une :

— Oh ! dites-nous cela.

M. Bermutier sourit gravement, comme doit sourire un juge d'instruction. Il reprit :

— N'allez pas croire, au moins, que j'aie pu, même un instant, supposer en cette aventure quelque chose de surhumain. Je ne crois qu'aux causes normales. Mais si, au lieu d'employer le mot « surnaturel » pour exprimer ce que nous ne comprenons pas, nous nous servions simplement du mot « inexplicable », cela vaudrait beaucoup mieux. En tout cas, dans l'affaire que je vais vous dire, ce sont surtout les circonstances environnantes, les circonstances préparatoires qui m'ont ému. Enfin, voici les faits.

J'étais alors juge d'instruction à Ajaccio, une petite ville blanche, couchée au bord d'un admirable golfe qu'entourent partout de hautes montagnes.

Ce que j'avais surtout à poursuivre là-bas, c'étaient les affaires de vendetta[1]. Il y en a de superbes, de dramatiques au possible, de féroces, d'héroïques. Nous retrouvons là les plus

notes
_____

**1. vendetta :** vengeance.

beaux sujets de vengeance qu'on puisse rêver, les haines
séculaires, apaisées un moment, jamais éteintes, les ruses
50  abominables, les assassinats devenant des massacres et presque
des actions glorieuses. Depuis deux ans, je n'entendais parler
que du prix du sang, que de ce terrible préjugé[1] corse qui
force à venger toute injure sur la personne qui l'a faite, sur
ses descendants et ses proches. J'avais vu égorger des
55  vieillards, des enfants, des cousins, j'avais la tête pleine de ces
histoires.

Or, j'appris un jour qu'un Anglais venait de louer pour
plusieurs années une petite villa au fond du golfe. Il avait
amené avec lui un domestique français, pris à Marseille en
60  passant.

Bientôt tout le monde s'occupa de ce personnage singulier, qui vivait seul dans sa demeure, ne sortant que pour
chasser et pour pêcher. Il ne parlait à personne, ne venait
jamais à la ville, et, chaque matin, s'exerçait pendant une
65  heure ou deux, à tirer au pistolet et à la carabine.

Des légendes se firent autour de lui. On prétendit que
c'était un haut personnage fuyant sa patrie pour des raisons
politiques ; puis on affirma qu'il se cachait après avoir commis un crime épouvantable. On citait même des circons-
70  tances particulièrement horribles.

Je voulus, en ma qualité de juge d'instruction, prendre
quelques renseignements sur cet homme ; mais il me fut
impossible de rien apprendre. Il se faisait appeler Sir John
Rowell.

75  Je me contentai donc de le surveiller de près ; mais on ne
me signalait, en réalité, rien de suspect à son égard.

**notes**

**1. préjugé :** opinion
préconçue, non fondée
sur le raisonnement.

Cependant, comme les rumeurs sur son compte continuaient, grossissaient, devenaient générales, je résolus d'essayer de voir moi-même cet étranger, et je me mis à chasser
80 régulièrement dans les environs de sa propriété.

J'attendis longtemps une occasion. Elle se présenta enfin sous la forme d'une perdrix que je tirai et que je tuai devant le nez de l'Anglais. Mon chien me la rapporta ; mais, prenant aussitôt le gibier, j'allai m'excuser de mon inconvenance[1] et
85 prier Sir John Rowell d'accepter l'oiseau mort.

C'était un grand homme à cheveux rouges, à barbe rouge, très haut, très large, une sorte d'hercule placide et poli. Il n'avait rien de la raideur dite britannique et il me remercia vivement de ma délicatesse en un français accentué
90 d'outre-Manche. Au bout d'un mois, nous avions causé ensemble cinq ou six fois.

Un soir enfin, comme je passais devant sa porte, je l'aperçus qui fumait sa pipe, à cheval sur une chaise, dans son jardin. Je le saluai, et il m'invita à entrer pour boire un verre
95 de bière. Je ne me le fis pas répéter.

Il me reçut avec toute la méticuleuse courtoisie anglaise, parla avec éloge de la France, de la Corse, déclara qu'il aimait beaucoup *cette* pays, et *cette* rivage.

Alors je lui posai, avec de grandes précautions et sous la
100 forme d'un intérêt très vif, quelques questions sur sa vie, sur ses projets. Il répondit sans embarras, me raconta qu'il avait beaucoup voyagé, en Afrique, dans les Indes, en Amérique. Il ajouta en riant :

« J'avé eu bôcoup d'aventures, oh ! yes. »

notes
_____

**1. inconvenance :**
impolitesse.

105     Puis je me remis à parler chasse, et il me donna des détails les plus curieux sur la chasse à l'hippopotame, au tigre, à l'éléphant et même la chasse au gorille.

Je dis :

« Tous ces animaux sont redoutables. »

110     Il sourit :

« Oh ! nô, le plus mauvais c'été l'homme. »

Il se mit à rire tout à fait, d'un bon rire de gros Anglais content :

« J'avé beaucoup chassé l'homme aussi. »

115     Puis il parla d'armes, et il m'offrit d'entrer chez lui pour me montrer des fusils de divers systèmes.

Son salon était tendu de noir, de soie noire brodée d'or. De grandes fleurs jaunes couraient sur l'étoffe sombre, brillaient comme du feu.

120     Il annonça :

« C'été une drap japonaise. »

Mais, au milieu du plus large panneau, une chose étrange me tira l'œil. Sur un carré de velours rouge, un objet noir se détachait. Je m'approchai : c'était une main, une main

125 d'homme. Non pas une main de squelette, blanche et propre, mais une main noire desséchée, avec les ongles jaunes, les muscles à nu et des traces de sang ancien, de sang pareil à une crasse, sur les os coupés net, comme d'un coup de hache, vers le milieu de l'avant-bras.

130     Autour du poignet, une énorme chaîne de fer, rivée, soudée à ce membre malpropre, l'attachait au mur par un anneau assez fort pour tenir un éléphant en laisse.

Je demandai :

« Qu'est-ce que cela ? »

135     L'Anglais répondit tranquillement :

« C'été ma meilleur ennemi. Il vené d'Amérique. Il avé été fendu avec le sabre et arraché la peau avec une caillou coupante, et séché dans le soleil pendant huit jours. Aoh, très bonne pour moi, cette. »

140 Je touchai ce débris[1] humain qui avait dû appartenir à un colosse[2]. Les doigts, démesurément longs, étaient attachés par des tendons[3] énormes que retenaient des lanières de peau par places. Cette main était affreuse à voir, écorchée ainsi, elle faisait penser naturellement à quelque vengeance

145 de sauvage.

Je dis :

« Cet homme devait être très fort. »

L'Anglais prononça avec douceur :

« Aoh yes ; mais je été plus fort que lui. J'avé mis cette

150 chaîne pour le tenir. »

Je crus qu'il plaisantait. Je dis :

« Cette chaîne maintenant est bien inutile, la main ne se sauvera pas. »

Sir John Rowell reprit gravement :

155 « Elle voulé toujours s'en aller. Cette chaîne été nécessaire. »

D'un coup d'œil rapide, j'interrogeai son visage, me demandant :

« Est-ce un fou, ou un mauvais plaisant ? »

160 Mais la figure demeurait impénétrable, tranquille et bienveillante. Je parlai d'autre chose et j'admirai les fusils.

Je remarquai cependant que trois revolvers chargés étaient posés sur les meubles, comme si cet homme eût vécu dans la crainte constante d'une attaque.

---

**notes**

**1. débris :** fragment d'un objet brisé, déchet.

**2. colosse :** personne très grande et très forte.

**3. tendons :** extrémités fibreuses des muscles par lesquelles ils s'attachent aux os.

165 Je revins plusieurs fois chez lui. Puis je n'y allai plus. On s'était accoutumé à sa présence ; il était devenu indifférent à tous.

Une année entière s'écoula. Or, un matin, vers la fin de novembre, mon domestique me réveilla en m'annonçant 170 que Sir John Rowell avait été assassiné dans la nuit.

Une demi-heure plus tard, je pénétrais dans la maison de l'Anglais avec le commissaire central et le capitaine de gendarmerie. Le valet, éperdu et désespéré, pleurait devant la porte. Je soupçonnai d'abord cet homme, mais il était inno-175 cent.

On ne put jamais trouver le coupable.

En entrant dans le salon de Sir John, j'aperçus du premier coup d'œil le cadavre étendu sur le dos, au milieu de la pièce.

180 Le gilet était déchiré, une manche arrachée pendait, tout annonçait qu'une lutte terrible avait eu lieu.

L'Anglais était mort étranglé ! Sa figure noire et gonflée, effrayante, semblait exprimer une épouvante abominable ; il tenait entre ses dents serrées quelque chose ; et le cou, percé 185 de cinq trous qu'on aurait dit faits avec des pointes de fer, était couvert de sang.

Un médecin nous rejoignit. Il examina longtemps les traces des doigts dans la chair et prononça ces étranges paroles :

190 « On dirait qu'il a été étranglé par un squelette. »

Un frisson me passa dans le dos, et je jetai les yeux sur le mur, à la place où j'avais vu jadis l'horrible main d'écorché. Elle n'y était plus. La chaîne, brisée, pendait.

Alors je me baissai vers le mort, et je trouvai dans sa 195 bouche crispée un des doigts de cette main disparue, coupé ou plutôt scié par les dents juste à la deuxième phalange.

Puis on procéda aux constatations. On ne découvrit rien. Aucune porte n'avait été forcée, aucune fenêtre, aucun meuble. Les deux chiens de garde ne s'étaient pas réveillés.

Voici, en quelques mots, la déposition du domestique :

« Depuis un mois, son maître semblait agité. Il avait reçu beaucoup de lettres, brûlées à mesure.

« Souvent, prenant une cravache, dans une colère qui semblait de la démence[1], il avait frappé avec fureur cette main séchée, scellée au mur et enlevée, on ne sait comment, à l'heure même du crime.

« Il se couchait fort tard et s'enfermait avec soin. Il avait toujours des armes à portée du bras. Souvent, la nuit, il parlait haut, comme s'il se fût querellé avec quelqu'un. »

Cette nuit-là, par hasard, il n'avait fait aucun bruit, et c'est seulement en venant ouvrir les fenêtres que le serviteur avait trouvé Sir John assassiné. Il ne soupçonnait personne.

Je communiquai ce que je savais du mort aux magistrats et aux officiers de la force publique, et on fit dans toute l'île une enquête minutieuse. On ne découvrit rien.

Or, une nuit, trois mois après le crime, j'eus un affreux cauchemar. Il me sembla que je voyais la main, l'horrible main, courir comme un scorpion ou comme une araignée le long de mes rideaux et de mes murs. Trois fois, je me réveillai, trois fois je me rendormis, trois fois je revis le hideux[2] débris galoper autour de ma chambre en remuant les doigts comme des pattes.

Le lendemain, on me l'apporta, trouvé dans le cimetière, sur la tombe de Sir John Rowell, enterré là ; car on n'avait pu découvrir sa famille. L'index manquait.

notes
---
**1. démence :** folie.

**2. hideux :** repoussant, horrible.

**Couverture de la revue *La Vie populaire*, du 10 mai 1885.**

Voilà, mesdames, mon histoire. Je ne sais rien de plus.

Les femmes, éperdues, étaient pâles, frissonnantes. Une d'elles s'écria :

– Mais ce n'est pas un dénouement cela, ni une explication ! Nous n'allons pas dormir si vous ne nous dites pas ce qui s'était passé selon vous.

Le magistrat sourit avec sévérité :

– Oh ! moi, mesdames, je vais gâter, certes, vos rêves terribles. Je pense tout simplement que le légitime propriétaire de la main n'était pas mort, qu'il est venu la chercher avec celle qui lui restait. Mais je n'ai pu savoir comment il a fait, par exemple. C'est là une sorte de vendetta.

Une des femmes murmura :

– Non, ça ne doit pas être ainsi.

Et le juge d'instruction, souriant toujours, conclut :

– Je vous avais bien dit que mon explication ne vous irait pas.

# Au fil du texte

## AVEZ-VOUS BIEN LU ?

**1.** Quelle est la situation d'énonciation★ ?

**2.** Pourquoi l'auteur a-t-il choisi de situer cette action en Corse ?

**3.** En quoi l'Anglais est-il « *singulier* » (ligne 61) ?

**4.** Au vu du dénouement★, laquelle des suppositions émises sur ce personnage est-elle la plus vraisemblable ?

**5.** Pourquoi le narrateur★ est-il intrigué par la main ?

**6.** Pourquoi est-il intrigué aussi par les armes ?

**7.** Comment Sir John Rowell est-il mort ?

**8.** Le juge croit-il à un dénouement « *surnaturel* » ?

**9.** Dès le début du conte, une phrase prononcée par le juge annonce une fin inexpliquée : relevez-la.

## ÉTUDIER LE VOCABULAIRE

**10.** « *Une lutte terrible* » (ligne 181) ; « *l'horrible main* » (ligne 192) : distinguez le radical★ et le suffixe★ de ces adjectifs. Cherchez d'autres adjectifs formés de la même façon. Quelle est la valeur de ce suffixe ?

## ÉTUDIER LA GRAMMAIRE

**11.** Dans le passage « *Cependant, comme les rumeurs* [...] *devant le nez de l'Anglais* » (lignes 77 à 83), distinguez les valeurs de l'imparfait et du passé simple de l'indicatif.

---

*situation d'énonciation :* conditions dans lesquelles sont prononcées certaines paroles (Qui parle ? À qui ? Dans quelles circonstances ? À quel sujet ?).

*dénouement :* manière dont le récit s'achève.

*narrateur :* celui qui raconte.

*radical :* élément commun à tous les mots d'une même famille.

*suffixe :* dans un mot composé, c'est l'élément qui est placé après le radical.

**12.** « *Comme les rumeurs [...] continuaient* » (ligne 77) ;
« *comme je passais devant sa porte* » (ligne 92) ;
« *comme d'un coup de hache* » (ligne 128) : quelle
est la fonction de ces propositions ?

**13.** « *Puis je n'y allai plus. On s'était accoutumé à
sa présence* » (lignes 165-166). Réécrivez ces deux
propositions de façon à obtenir une proposition
principale et une proposition subordonnée dont
vous préciserez la fonction.

## ÉTUDIER LE DISCOURS

**14.** Relevez les « fautes » de français de
Sir John Rowell. Vous distinguerez les fautes
de prononciation et les fautes de syntaxe.

## ÉTUDIER LE GENRE FANTASTIQUE

**15.** Quel thème fantastique est ici abordé ?
(Voir le chapitre « Un genre littéraire : le conte
fantastique », page 145.)

**16.** Dans le préambule du conte (lignes 1 à 41),
quel est le synonyme★ du mot « *surnaturel* » ?
Et par quel mot devrait-il être remplacé ?

**17.** Dans la mort de l'Anglais, quels faits mystérieux
incitent le lecteur à croire à une cause surnaturelle ?

**18.** Au vu du dénouement, le conte est-il
fantastique ou seulement étrange ?

## ÉTUDIER L'ÉCRITURE

**19.** « *Meilleur ennemi* » (ligne 136) : quelle remarque
faites-vous sur cette expression ? Savez-vous
comment se nomme cette figure de style★ ?

**synonyme :**
mot qui a un
sens identique,
ou très voisin.

**figure de style :**
forme
d'expression
particulière
(la métaphore,
l'allégorie,
la périphrase…
sont des
figures
de style).

**20.** À quels animaux la main est-elle comparée vers la fin du récit ? Pourquoi ?

## ÉTUDIER LE RÉALISME

**21.** Dans la description du cadavre, relevez tous les détails réalistes. Sont-ils déplacés, ici ?

## À VOS PLUMES !

**22.** Réécrivez en français correct les paroles de l'Anglais (lignes 136 à 139).

**23.** Imaginez pour ce récit un dénouement « naturel ».

## LIRE L'IMAGE

**24.** Quel est le personnage représenté sur l'image (page 74) ? Quel sentiment éprouve-t-il ? Comment l'idée de cauchemar est-elle suggérée ?

# Conte de Noël

Le docteur Bonenfant cherchait dans sa mémoire, répétant à mi-voix : « Un souvenir de Noël ?... Un souvenir de Noël ?... »

Et tout à coup, il s'écria :

5     – Mais si, j'en ai un, et un bien étrange encore ; c'est une histoire fantastique. J'ai vu un miracle ! Oui, mesdames, un miracle, la nuit de Noël.

Cela vous étonne de m'entendre parler ainsi, moi qui ne crois guère à rien. Et pourtant j'ai vu un miracle ! Je
10   l'ai vu, dis-je, vu, de mes propres yeux vu, ce qui s'appelle vu.

En ai-je été fort surpris ? non pas ; car si je ne crois point à vos croyances, je crois à la foi, et je sais qu'elle transporte les montagnes. Je pourrais citer bien des
15   exemples ; mais je vous indignerais et je m'exposerais aussi à amoindrir l'effet de mon histoire.

Je vous avouerai d'abord que si je n'ai pas été fort convaincu et converti par ce que j'ai vu, j'ai été du moins fort ému, et je vais tâcher de vous dire la chose naïve-
20   ment, comme si j'avais une crédulité d'Auvergnat.

J'étais alors médecin de campagne, habitant le bourg de Rolleville[1], en pleine Normandie.

L'hiver, cette année-là, fut terrible. Dès la fin de novembre, les neiges arrivèrent après une semaine de gelées.
25 On voyait de loin les gros nuages venir du nord ; et la blanche descente des flocons commença.

En une nuit, toute la plaine fut ensevelie.

Les fermes, isolées dans leurs cours carrées, derrière leurs rideaux de grands arbres poudrés de frimas, semblaient
30 s'endormir sous l'accumulation de cette mousse épaisse et légère.

Aucun bruit ne traversait plus la campagne immobile. Seuls les corbeaux, par bandes, décrivaient de longs festons[2] dans le ciel, cherchant leur vie inutilement, s'abattant tous
35 ensemble sur les champs livides et piquant la neige de leurs grands becs.

On n'entendait rien que le glissement vague et continu de cette poussière tombant toujours.

Cela dura huit jours pleins, puis l'avalanche s'arrêta. La
40 terre avait sur le dos un manteau épais de cinq pieds[3].

Et, pendant trois semaines ensuite, un ciel clair, comme un cristal bleu le jour, et, la nuit, tout semé d'étoiles qu'on aurait crues de givre, tant le vaste espace était rigoureux, s'étendit sur la nappe unie, dure et luisante des neiges.

45 La plaine, les haies, les ormes des clôtures, tout semblait mort, tué par le froid. Ni hommes ni bêtes ne sortaient plus, seules les cheminées des chaumières en chemise blanche révélaient la vie cachée, par les minces filets de fumée qui montaient droit dans l'air glacial.

---

**notes**

**1. Rolleville :** commune située au nord du Havre.

**2. festons :** guirlandes.

**3. pieds :** un pied équivaut à environ 32 cm.

Tableau de Claude Monet (1840-1926), *La Pie*, 1869, Paris, musée d'Orsay.

50    De temps en temps on entendait craquer les arbres, comme si leurs membres de bois se fussent brisés sous l'écorce ; et, parfois, une grosse branche se détachait et tombait, l'invincible gelée pétrifiant la sève et cassant les fibres.

      Les habitations semées çà et là par les champs semblaient
55   éloignées de cent lieues[1] les unes des autres. On vivait comme on pouvait. Seul, j'essayais d'aller voir mes clients les plus proches, m'exposant sans cesse à rester enseveli dans quelque creux.

      Je m'aperçus bientôt qu'une terreur mystérieuse planait
60   sur le pays. Un tel fléau, pensait-on, n'était point naturel. On prétendit qu'on entendait des voix la nuit, des sifflements aigus, des cris qui passaient.

**notes**

**1. lieues :** une lieu équivaut
à environ 4 km.

Ces cris et ces sifflements venaient sans aucun doute des oiseaux émigrants qui voyagent au crépuscule, et qui fuyaient en masse vers le sud. Mais allez donc faire entendre raison à des gens affolés. Une épouvante envahissait les esprits et on s'attendait à un événement extraordinaire.

La forge du père Vatinel était située au bout du hameau d'Épivent[1], sur la grande route, maintenant invisible et déserte. Or, comme les gens manquaient de pain, le forgeron résolut d'aller jusqu'au village. Il resta quelques heures à causer dans les six maisons qui forment le centre du pays, prit son pain et des nouvelles, et un peu de cette peur épandue sur la campagne.

Et il se mit en route avant la nuit.

Tout à coup, en longeant une haie, il crut voir un œuf dans la neige ; oui, un œuf déposé là, tout blanc comme le reste du monde. Il se pencha, c'était un œuf en effet. D'où venait-il ? Quelle poule avait pu sortir du poulailler et venir pondre en cet endroit ? Le forgeron s'étonna, ne comprit pas ; mais il ramassa l'œuf et le porta à sa femme.

« Tiens, la maîtresse, v'là un œuf que j'ai trouvé sur la route ! »

La femme hocha la tête :

« Un œuf sur la route ? Par ce temps-ci, t'es soûl, bien sûr ?

— Mais non, la maîtresse, même qu'il était au pied d'une haie, et encore chaud, pas gelé. Le v'là, j'me l'ai mis sur l'estomac pour qui n'refroidisse pas. Tu le mangeras pour ton dîner. »

**notes**

**1. Épivent :** hameau de la commune de Bordeaux-Saint-Clair, près d'Étretat.

90     L'œuf fut glissé dans la marmite où mijotait la soupe, et le forgeron se mit à raconter ce qu'on disait par la contrée.

La femme écoutait, toute pâle.

« Pour sûr que j'en ai entendu des sifflets l'autre nuit, même qu'ils semblaient v'nir de la cheminée. »

95     On se mit à table, on mangea la soupe d'abord, puis, pendant que le mari étendait du beurre sur son pain, la femme prit l'œuf et l'examina d'un œil méfiant.

« Si y avait quéque[1] chose dans c't'œuf ?

— Qué que tu veux qu'y ait ?

100     — J'sais ti, mé[2] ?

— Allons, mange-le, et fais pas la bête. »

Elle ouvrit l'œuf. Il était comme tous les œufs, et bien frais.

Elle se mit à le manger en hésitant, le goûtant, le laissant,
105 le reprenant. Le mari disait :

« Eh bien ! qué goût qu'il a, c't'œuf ? »

Elle ne répondit pas et elle acheva de l'avaler ; puis, soudain, elle planta sur son homme des yeux fixes, hagards[3], affolés ; leva les bras, les tordit et, convulsée[4] de la tête aux
110 pieds, roula par terre en poussant des cris horribles.

Toute la nuit elle se débattit en des spasmes[5] épouvantables, secouée de tremblements effrayants, déformée par de hideuses convulsions. Le forgeron, impuissant à la tenir, fut obligé de la lier.

115     Et elle hurlait sans repos, d'une voix infatigable :

« J'l'ai dans l'corps ! J'l'ai dans l'corps ! »

---

**notes**

**1. quéque :** quelque.

**2. mé :** moi.

**3. hagards :** affolés, égarés.

**4. convulsée :** agitée de convulsions, contractions involontaires des muscles.

**5. spasmes :** contractions brusques et involontaires d'un ou de plusieurs muscles.

Je fus appelé le lendemain. J'ordonnai tous les calmants connus sans obtenir le moindre résultat. Elle était folle.

Alors, avec une incroyable rapidité, malgré l'obstacle des hautes neiges, la nouvelle, une nouvelle étrange, courut de ferme en ferme : « La femme au forgeron qu'est possédée[1] ! » Et on venait de partout, sans oser pénétrer dans la maison ; on écoutait de loin ses cris affreux poussés d'une voix si forte qu'on ne les aurait pas crus d'une créature humaine.

Le curé du village fut prévenu. C'était un vieux prêtre naïf. Il accourut en surplis[2] comme pour administrer[3] un mourant et il prononça, en étendant les mains, les formules d'exorcisme[4], pendant que quatre hommes maintenaient sur un lit la femme écumante et tordue.

Mais l'esprit ne fut point chassé.

Et la Noël arriva sans que le temps eût changé.

La veille au matin, le prêtre vint me trouver :

« J'ai envie, dit-il, de faire assister à l'office de cette nuit cette malheureuse. Peut-être Dieu fera-t-il un miracle en sa faveur, à l'heure même où il naquit d'une femme. »

Je répondis au curé :

« Je vous approuve absolument, monsieur l'abbé. Si elle a l'esprit frappé par la cérémonie (et rien n'est plus propice[5] à l'émouvoir), elle peut être sauvée sans autre remède. »

Le vieux prêtre murmura :

« Vous n'êtes pas croyant, docteur, mais aidez-moi, n'est-ce pas ? Vous vous chargez de l'amener ? »

Et je lui promis mon aide.

---

**notes**

**1. possédée :** dominée, habitée par le démon.
**2. surplis :** tunique blanche plissée.

**3. administrer :** donner le dernier sacrement, l'extrême-onction.

**4. formules d'exorcisme :** prières par lesquelles on chasse les démons.

**5. propice :** qui convient, qui est favorable.

Le soir vint, puis la nuit ; et la cloche de l'église se mit à
145  sonner, jetant sa voix plaintive à travers l'espace morne, sur
l'étendue blanche et glacée des neiges.

Des êtres noirs s'en venaient lentement, par groupes,
dociles au cri d'airain[1] du clocher. La pleine lune éclairait
d'une lueur vive et blafarde tout l'horizon, rendait plus
150  visible la pâle désolation des champs.

J'avais pris quatre hommes robustes et je me rendis à la
forge.

La possédée hurlait toujours, attachée à sa couche. On
la vêtit proprement malgré sa résistance éperdue, et on
155  l'emporta.

L'église était maintenant pleine de monde, illuminée et
froide ; les chantres[2] poussaient leurs notes monotones ; le
serpent[3] ronflait ; la petite sonnette de l'enfant de chœur
tintait, réglant les mouvements des fidèles.

160  J'enfermai la femme et ses gardiens dans la cuisine du
presbytère[4], et j'attendis le moment que je croyais favorable.

Je choisis l'instant qui suit la communion. Tous les
paysans, hommes et femmes, avaient reçu leur Dieu pour
fléchir sa rigueur. Un grand silence planait pendant que le
165  prêtre achevait le mystère divin.

Sur mon ordre, la porte fut ouverte et mes quatre aides
apportèrent la folle.

Dès qu'elle aperçut les lumières, la foule à genoux, le
chœur[5] en feu et le tabernacle[6] doré, elle se débattit d'une
170  telle vigueur qu'elle faillit nous échapper, et elle poussa des

---

**notes**

**1. airain :** bronze ; nom
poétique de la cloche.

**2. chantres :** ceux qui
chantent à l'église.

**3. serpent :** instrument à vent,
au tuyau en forme d'S.

**4. presbytère :** maison
du prêtre.

**5. chœur :** partie de l'église
où se trouve l'autel.

**6. tabernacle :** petite armoire
qui renferme les hosties.

clameurs si aiguës qu'un frisson d'épouvante passa dans l'église ; toutes les têtes se relevèrent ; des gens s'enfuirent.

Elle n'avait plus la forme d'une femme, crispée et tordue en nos mains, le visage contourné[1], les yeux fous.

175 On la traîna jusqu'aux marches du chœur et puis on la tint fortement accroupie à terre.

Le prêtre s'était levé ; il attendait. Dès qu'il la vit arrêtée, il prit en ses mains l'ostensoir[2] ceint de rayons d'or, avec l'hostie blanche au milieu, et, s'avançant de quelques pas,
180 il l'éleva de ses deux bras tendus au-dessus de sa tête, le présentant aux regards effarés de la démoniaque[3].

Elle hurlait toujours, l'œil fixé, tendu sur cet objet rayonnant.

Et le prêtre demeurait tellement immobile qu'on l'aurait
185 pris pour une statue.

Et cela dura longtemps, longtemps.

La femme semblait saisie de peur, fascinée ; elle contemplait fixement l'ostensoir, secouée encore de tremblements terribles, mais passagers, et criant toujours, mais d'une voix
190 moins déchirante.

Et cela dura encore longtemps.

On eût dit qu'elle ne pouvait plus baisser les yeux, qu'ils étaient rivés sur l'hostie ; elle ne faisait plus que gémir ; et son corps raidi s'amollissait, s'affaissait.

195 Toute la foule était prosternée le front par terre.

La possédée maintenant baissait rapidement les paupières, puis les relevait aussitôt, comme impuissante à supporter la vue de son Dieu. Elle s'était tue. Et puis soudain, je

---

**notes**

**1. contourné :** tordu.

**2. ostensoir :** objet de culte dans lequel l'hostie est exposée à la vue des fidèles.

**3. démoniaque :** possédée du démon.

m'aperçus que ses yeux demeuraient clos. Elle dormait du
200 sommeil des somnambules, hypnotisée, pardon ! vaincue par
la contemplation persistante de l'ostensoir aux rayons d'or,
terrassée par le Christ victorieux.

On l'emporta, inerte, pendant que le prêtre remontait
vers l'autel.

205 L'assistance, bouleversée, entonna le *Te Deum* d'actions de
grâces[1].

Et la femme du forgeron dormit quarante heures de
suite, puis se réveilla sans aucun souvenir de la possession ni
de la délivrance.

210 Voilà, mesdames, le miracle que j'ai vu.

Le docteur Bonenfant se tut, puis ajouta d'une voix
contrariée :

« Je n'ai pu refuser de l'attester par écrit. »

notes
**1. actions de grâces :**
remerciements à Dieu.

# Au fil du texte

## AVEZ-VOUS BIEN LU ?

**1.** Par quels termes le narrateur★ prépare-t-il son auditoire à écouter un fait surprenant (lignes 5 à 20) ?

**2.** Quelle distinction peut-on établir entre les « *croyances* » et la « *foi* » (ligne 13) ?

*narrateur :* celui qui raconte.

**3.** Pourquoi le docteur Bonenfant est-il un narrateur sincère et crédible ?

**4.** Dans quelle mesure le cadre et le moment du récit favorisent-ils la croyance au fantastique ?

**5.** En quoi la découverte de l'œuf est-elle étrange ?

**6.** Pourquoi, à la fin de son récit, le narrateur est-il « *contrarié* » ? (La réponse se trouve dans les premières lignes du conte.)

## ÉTUDIER LE VOCABULAIRE

**7.** Cherchez des mots de la famille de : diable, démon, Dieu, divin.

## ÉTUDIER LA GRAMMAIRE

**8.** Justifiez l'orthographe des participes passés « *crues* » (ligne 43) et « *crus* » (ligne 124).

**9.** « *Comme les gens manquaient de pain* » (ligne 70) ; « *comme le reste du monde* » (lignes 77-78) : quels compléments la conjonction introduit-elle ?

**10.** Dans les lignes 95 à 110, relevez deux gérondifs, trois participes, un adjectif verbal.

## ÉTUDIER LE GENRE FANTASTIQUE

**11.** Quel est le thème fantastique de ce conte ?
(Voir le chapitre « Un genre littéraire : le conte
fantastique », page 145.)

**12.** La réaction de la femme dans l'église s'explique
par le fait qu'elle est « *possédée* ». N'y a-t-il pas
une autre explication, plus simple ?

**13.** Comment le narrateur, qui ne croit pas
à l'exorcisme, semble-t-il expliquer la délivrance
de la possédée ?

## ÉTUDIER L'ÉCRITURE

**14.** Relevez les périphrases★ et les métaphores★
qui désignent la neige (lignes 23 à 49).

**15.** Dans les lignes 177 à 202, relevez les termes et
les expressions qui évoquent l'hypnotisme★.

## À VOS PLUMES !

**16.** Sur le modèle du paragraphe allant des
lignes 32 à 36 (« *Aucun bruit ne traversait plus la
campagne immobile. Seuls les corbeaux…* »), évoquez un
jour de chaleur accablante. (Voir aussi, lignes 55-56 :
« *On vivait comme on pouvait. Seul, j'essayais…* ».)

**17.** Réécrivez en français correct : « *Le v'là,
j'me l'ai mis sur l'estomac pour qui n'refroidisse pas* »
(lignes 87-88) ainsi que le dialogue des lignes 98
à 101.

**périphrase :**
procédé
qui consiste
à désigner
une personne
ou un objet
par un groupe
nominal.

**métaphore :**
rapprochement
de termes
exprimé sans
mots outils, de
façon implicite.

**hypnotisme :**
ensemble des
phénomènes
qui constituent
le sommeil
artificiel
provoqué.

Un fou ?

Quand on me dit : « Vous savez que Jacques Parent est mort fou dans une maison de santé », un frisson douloureux, un frisson de peur et d'angoisse me courut le long des os ; et je le revis brusquement, ce grand garçon
5   étrange, fou depuis longtemps peut-être, maniaque[1] inquiétant, effrayant même.

C'était un homme de quarante ans, haut, maigre, un peu voûté, avec des yeux d'halluciné[2], des yeux noirs, si noirs qu'on ne distinguait pas la pupille, des yeux
10   mobiles, rôdeurs, malades, hantés[3]. Quel être singulier, troublant qui apportait, qui jetait un malaise autour de lui, un malaise vague, de l'âme, du corps, un de ces énervements incompréhensibles qui font croire à des influences surnaturelles.

**notes**

**1. maniaque :** atteint de manie. Au sens psychiatrique, la manie se caractérise par une agitation intellectuelle désordonnée.

**2. halluciné :** qui a des hallucinations, des visions.

**3. hantés :** préoccupés, obsédés.

15　Il avait un tic[1] gênant : la manie de cacher ses mains. Presque jamais il ne les laissait errer, comme nous faisons tous sur les objets, sur les tables. Jamais il ne maniait les choses traînantes avec ce geste familier qu'ont presque tous les hommes. Jamais il ne les laissait nues, ses longues mains
20　osseuses, fines, un peu fébriles.

Il les enfonçait dans ses poches, sous ses aisselles[2] en croisant les bras. On eût dit qu'il avait peur qu'elles ne fissent, malgré lui, quelque besogne défendue, qu'elles n'accomplissent quelque action honteuse ou ridicule s'il les
25　laissait libres et maîtresses de leurs mouvements.

Quand il était obligé de s'en servir pour tous les usages ordinaires de la vie, il le faisait par saccades brusques, par élans rapides du bras comme s'il n'eût pas voulu leur laisser le temps d'agir par elles-mêmes, de se refuser à sa volonté,
30　d'exécuter autre chose. À table, il saisissait son verre, sa fourchette ou son couteau si vivement qu'on n'avait jamais le temps de prévoir ce qu'il voulait faire avant qu'il ne l'eût accompli.

Or, j'eus un soir l'explication de la surprenante maladie
35　de son âme.

Il venait passer de temps en temps quelques jours chez moi, à la campagne, et ce soir-là il me paraissait particulièrement agité !

Un orage montait dans le ciel, étouffant et noir, après une
40　journée d'atroce chaleur. Aucun souffle d'air ne remuait les feuilles. Une vapeur chaude de four passait sur les visages, faisait haleter les poitrines. Je me sentais mal à l'aise, agité, et je voulus gagner mon lit.

**notes**

**1. tic :** mouvement involontaire habituel.

**2. aisselles :** dessous des bras.

Quand il me vit me lever pour partir, Jacques Parent me
45   saisit le bras d'un geste effaré[1].

« Oh ! non, reste encore un peu », me dit-il.

Je le regardai avec surprise en murmurant :

« C'est que cet orage me secoue les nerfs. »

Il gémit, ou plutôt il cria :

50   « Et moi donc ! Oh ! reste, je te prie ; je ne voudrais pas
demeurer seul. »

Il avait l'air affolé.

Je prononçai :

« Qu'est-ce que tu as ? Perds-tu la tête ? »

55   Et il balbutia :

« Oui, par moments, dans les soirs comme celui-ci, dans
les soirs d'électricité... j'ai... j'ai... j'ai peur... j'ai peur de
moi... tu ne me comprends pas ? C'est que je suis doué d'un
pouvoir... non... d'une puissance... non... d'une force...
60   Enfin, je ne sais pas dire ce que c'est, mais j'ai en moi une
action magnétique[2] si extraordinaire que j'ai peur, oui, j'ai
peur de moi, comme je te le disais tout à l'heure ! »

Et il cachait, avec des frissons éperdus, ses mains vibrantes
sous les revers de sa jaquette[3]. Et moi-même je me sentis
65   soudain tout tremblant d'une crainte confuse, puissante, horrible. J'avais envie de partir, de me sauver, de ne plus le voir,
de ne plus voir son œil errant passer sur moi, puis s'enfuir,
tourner autour du plafond, chercher quelque coin sombre
de la pièce pour s'y fixer, comme s'il eût voulu cacher aussi
70   son regard redoutable.

Je balbutiai :

« Tu ne m'avais jamais dit ça ! »

notes

**1. effaré :** troublé, affolé.

**2. magnétique :** qui caractérise les aimants et leur action.

**3. jaquette :** veste d'homme descendant jusqu'aux genoux.

Il reprit :

« Est-ce que j'en parle à personne ? Tiens, écoute, ce soir
je ne puis me taire. Et j'aime mieux que tu saches tout ;
d'ailleurs, tu pourras me secourir.

Le magnétisme[1] ! Sais-tu ce que c'est ? Non. Personne
ne sait. On le constate pourtant. On le reconnaît, les médecins eux-mêmes le pratiquent ; un des plus illustres,
M. Charcot[2], le professe ; donc, pas de doute, cela existe.

Un homme, un être a le pouvoir, effrayant et incompréhensible, d'endormir, par la force de sa volonté, un autre
être, et, pendant qu'il dort, de lui voler sa pensée comme on
volerait une bourse. Il lui vole sa pensée, c'est-à-dire son
âme, l'âme, ce sanctuaire, ce secret du Moi, l'âme, ce fond de
l'homme qu'on croyait impénétrable, l'âme, cet asile des
inavouables idées, de tout ce qu'on cache, de tout ce qu'on
aime, de tout ce qu'on veut celer[3] à tous les humains, il
l'ouvre, la viole, l'étale, la jette au public ! N'est-ce pas
atroce, criminel, infâme ?

Pourquoi, comment cela se fait-il ? Le sait-on ? Mais que
sait-on ?

Tout est mystère. Nous ne communiquons avec les
choses que par nos misérables sens, incomplets, infirmes, si
faibles qu'ils ont à peine la puissance de constater ce qui
nous entoure. Tout est mystère. Songe à la musique, cet art
divin, cet art qui bouleverse l'âme, l'emporte, la grise[4],
l'affole, qu'est-ce donc ? Rien.

---

**notes**

**1. magnétisme :** influence
qu'une personne pourrait
exercer sur une autre
en utilisant son fluide
magnétique.

**2. Charcot (Jean Martin) :**
neurologue français (1825-
1893). Ses recherches sur
l'hystérie et l'hypnotisme,
et ses cours à la Salpêtrière,

eurent une renommée
mondiale.

**3. celer :** cacher, tenir secret.

**4. grise :** enivre.

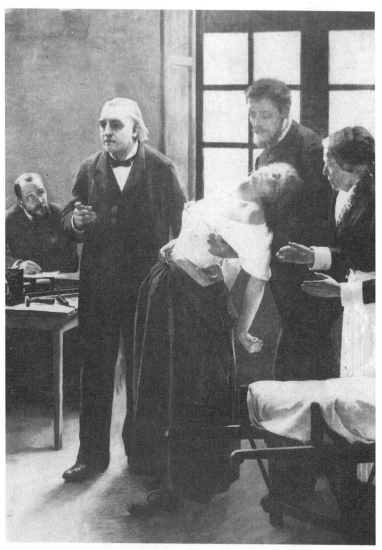

**Expérience d'hypnotisme réalisée pendant un cours donné
par le docteur Charcot à la Salpêtrière.**

Tu ne me comprends pas ? Écoute. Deux corps se heurtent. L'air vibre. Ces vibrations sont plus ou moins nombreuses, plus ou moins rapides, plus ou moins fortes, selon la nature du choc. Or nous avons dans l'oreille une petite peau qui reçoit ces vibrations de l'air et les transmet au cerveau sous forme de son. Imagine qu'un verre d'eau se change en vin dans ta bouche. Le tympan accomplit cette incroyable métamorphose, ce surprenant miracle de changer le mouvement en son. Voilà.

La musique, cet art complexe et mystérieux, précis comme l'algèbre et vague comme un rêve, cet art fait de mathématiques et de brise, ne vient donc que de la propriété étrange d'une petite peau. Elle n'existerait point, cette peau, que le son non plus n'existerait pas, puisque par lui-même il n'est qu'une vibration. Sans l'oreille, devinerait-on la musique ? Non. Eh bien, nous sommes entourés de choses que nous ne soupçonnerons jamais, parce que les organes nous manquent qui nous les révéleraient.

Le magnétisme est de celles-là peut-être. Nous ne pouvons que pressentir cette puissance, que tenter en tremblant ce voisinage des esprits, qu'entrevoir ce nouveau secret de la nature, parce que nous n'avons point en nous l'instrument révélateur.

Quant à moi... Quant à moi, je suis doué d'une puissance affreuse. On dirait un autre être enfermé en moi, qui veut sans cesse s'échapper, agir malgré moi, qui s'agite, me ronge, m'épuise. Quel est-il ? Je ne sais pas, mais nous sommes deux dans mon pauvre corps, et c'est lui, l'autre, qui est souvent le plus fort, comme ce soir.

Je n'ai qu'à regarder les gens pour les engourdir comme si je leur avais versé de l'opium[1]. Je n'ai qu'à étendre les mains pour produire des choses... des choses... terribles. Si tu savais ? Oui, si tu savais ? Mon pouvoir ne s'étend pas seulement sur les hommes, mais aussi sur les animaux et même... sur les objets...

Cela me torture et m'épouvante. J'ai eu envie souvent de me crever les yeux et de me couper les poignets.

Mais je vais... je veux que tu saches tout. Tiens. Je vais te montrer cela... non pas sur des créatures humaines, c'est ce qu'on fait partout, mais sur... sur... des bêtes.

Appelle Mirza. »

Il marchait à grands pas avec des airs d'halluciné, et il sortit ses mains cachées dans sa poitrine. Elles me semblèrent effrayantes comme s'il eût mis à nu deux épées.

Et je lui obéis machinalement, subjugué[2], vibrant de terreur et dévoré d'une sorte de désir impétueux de voir. J'ouvris la porte et je sifflai ma chienne qui couchait dans le vestibule. J'entendis aussitôt le bruit précipité de ses ongles sur les marches de l'escalier, et elle apparut joyeuse, remuant la queue.

Puis je lui fis signe de se coucher sur un fauteuil ; elle y sauta, et Jacques se mit à la caresser en la regardant.

D'abord, elle sembla inquiète ; elle frissonnait, tournait la tête pour éviter l'œil fixe de l'homme, semblait agitée d'une crainte grandissante. Tout à coup, elle commença à trembler, comme tremblent les chiens. Tout son corps palpitait, secoué par de longs frissons, et elle voulut s'enfuir. Mais il posa sa

**notes**

*1. opium :* substance extraite de certains pavots, utilisée parfois comme drogue.

*2. subjugué :* asservi, soumis, fasciné.

main sur le crâne de l'animal qui poussa, sous ce toucher, un de ces longs hurlements qu'on entend, la nuit, dans la campagne.

Je me sentais moi-même engourdi, étourdi, ainsi qu'on l'est lorsqu'on monte en barque. Je voyais se pencher les meubles, remuer les murs. Je balbutiai : « Assez, Jacques, assez. » Mais il ne m'écoutait plus, il regardait Mirza d'une façon continue, effrayante. Elle fermait les yeux maintenant et laissait tomber sa tête comme on fait en s'endormant. Il se tourna vers moi.

« C'est fait, dit-il, vois maintenant. »

Et jetant son mouchoir de l'autre côté de l'appartement, il cria : « Apporte ! »

La bête alors se souleva et chancelant, trébuchant comme si elle eût été aveugle, remuant ses pattes comme les paralytiques remuent leurs jambes, elle s'en alla vers le linge qui faisait une tache blanche contre le mur. Elle essaya plusieurs fois de le prendre dans sa gueule, mais elle mordait à côté comme si elle ne l'eût pas vu. Elle le saisit enfin, et revint de la même allure ballottée de chien somnambule[1].

C'était une chose terrifiante à voir. Il commanda : « Couche-toi. » Elle se coucha. Alors, touchant le front, il dit : « Un lièvre, pille, pille. » Et la bête, toujours sur le flanc, essaya de courir, s'agita comme font les chiens qui rêvent, et poussa, sans ouvrir la gueule, des petits aboiements de ventriloque[2].

Jacques semblait devenir fou. La sueur coulait de son front. Il cria : « Mords-le, mords ton maître. » Elle eut deux

---

**notes**

**1. somnambule :** qui marche en dormant.

**2. ventriloque :** qui parle sans remuer les lèvres (litt. « qui parle du ventre »).

ou trois soubresauts terribles. On eût juré qu'elle résistait,
185 qu'elle luttait. Il répéta : « Mords-le. » Alors, se levant, ma
chienne s'en vint vers moi, et moi je reculais vers la muraille,
frémissant d'épouvante, le pied levé pour la frapper, pour la
repousser.

Mais Jacques ordonna : « Ici, tout de suite. » Elle se
190 retourna vers lui. Alors, de ses deux grandes mains, il se mit
à lui frotter la tête comme s'il l'eût débarrassée de liens invisibles.

Mirza rouvrit les yeux : « C'est fini », dit-il.

Je n'osais point la toucher et je poussai la porte pour
195 qu'elle s'en allât. Elle partit lentement, tremblante, épuisée,
et j'entendis de nouveau ses griffes frapper les marches.

Mais Jacques revint vers moi : « Ce n'est pas tout. Ce qui
m'effraie le plus, c'est ceci, tiens. Les objets m'obéissent. »

« Il y avait sur ma table une sorte de couteau-poignard
200 dont je me servais pour couper les feuillets des livres. Il
allongea sa main vers lui. Elle semblait ramper, s'approchait
lentement ; et tout d'un coup, je vis, oui, je vis le couteau
lui-même tressaillir, puis il remua, puis il glissa doucement,
tout seul, sur le bois vers la main arrêtée qui l'attendait, et il
205 vint se placer sous ses doigts.

Je me mis à crier de terreur. Je crus que je devenais fou
moi-même. Mais le son aigu de sa voix me calma soudain.

Jacques reprit :

« Tous les objets viennent ainsi vers moi. C'est pour cela
210 que je cache mes mains. Qu'est cela ? Du magnétisme, de
l'électricité, de l'aimant ? Je ne sais pas, mais c'est horrible.

Et comprends-tu pourquoi c'est horrible ? Quand je
suis seul, aussitôt que je suis seul, je ne puis m'empêcher
d'attirer tout ce qui m'entoure.

215 Et je passe des jours entiers à changer des choses de place, ne me lassant jamais d'essayer ce pouvoir abominable, comme pour voir s'il ne m'a pas quitté. »

Il avait enfoui ses grandes mains dans ses poches et il regardait dans la nuit. Un petit bruit, un frémissement léger
220 semblait passer dans les arbres.

C'était la pluie qui commençait à tomber.

Je murmurai : « C'est effrayant ! »

Il répéta : « C'est horrible. »

Une rumeur accourut dans ce feuillage, comme un coup
225 de vent. C'était l'averse, l'ondée épaisse, torrentielle.

Jacques se mit à respirer par grands souffles qui soulevaient sa poitrine.

« Laisse-moi, dit-il, la pluie va me calmer. Je désire être seul à présent. »

# Au fil du texte

## AVEZ-VOUS BIEN LU ?

**1.** Quelle est, au début du conte, la situation d'énonciation★ ?

**2.** Dans le portrait du protagoniste★, sur quelles particularités le narrateur★ insiste-t-il ?

**3.** Quelle influence, au début et à la fin du récit, l'orage a-t-il sur les deux personnages ?

**4.** Relisez le début du conte et relevez, dans les deux premiers paragraphes, les termes qui annoncent la scène d'hypnotisme★ et le malaise du narrateur.

**5.** Relisez à nouveau le portrait de Jacques Parent : comment expliquez-vous, maintenant, l'importance accordée à son regard ?

## ÉTUDIER LE VOCABULAIRE

**6.** Quelle différence faites-vous entre la *peur* et l'*angoisse* (ligne 3) ? Cherchez des synonymes★ de *peur*.

## ÉTUDIER LA GRAMMAIRE

**7.** « *On eût dit qu'il avait peur [...] leurs mouvements* » (lignes 22 à 25).

*a)* Analysez les formes verbales de cette phrase.

*b)* Réécrivez-la en commençant par : « On dirait... ».

*c)* À quelles modifications avez-vous procédé ?

---

**situation d'énonciation :** conditions dans lesquelles sont prononcées certaines paroles (Qui parle ? À qui ? Dans quelles circonstances ? À quel sujet ?).

**protagoniste :** personnage principal.

**narrateur :** celui qui raconte.

**hypnotisme :** ensemble des phénomènes qui constituent le sommeil artificiel provoqué.

**synonyme :** mot qui a un sens identique ou très voisin.

**8.** « *Avant qu'il ne l'eût accompli* » (ligne 32) ;
« *pour qu'elle s'en allât* » (ligne 195) : justifiez
le temps et le mode de ces verbes.

**9.** « *Comme s'il eût mis à nu deux épées* » (ligne 142) ;
« *comme si elle eût été aveugle* » (ligne 170) ; « *comme
si elle ne l'eût pas vu* » (ligne 174).
*a)* À quel temps et à quel mode ces verbes sont-ils
employés ?
*b)* Quelle est la fonction de ces subordonnées ?

**antithétiques :
opposés.**

## ÉTUDIER LE DISCOURS

**10.** Comparez le discours du protagoniste
au narrateur (lignes 77 à 107), et les paroles
du protagoniste à la chienne (lignes 167 à 189) :
s'agit-il de discours argumentatif, injonctif, narratif,
descriptif ou explicatif ? Justifiez votre réponse.

## ÉTUDIER LE GENRE FANTASTIQUE

**11.** Quel thème fantastique est ici abordé ?
(Voir le chapitre « Un genre littéraire : le conte
fantastique », page 145.)

**12.** Pourquoi le magnétisme serait-il une forme
moderne de fantastique ?

## ÉTUDIER L'ÉCRITURE

**13.** Dans la description de l'orage, au début puis
à la fin du conte, relevez les termes ou expressions
qui sont antithétiques★.

**14.** Dans la scène d'hypnotisme★ (lignes 151 à 192), relevez les comparaisons★ et les métaphores★ : sont-elles bien choisies ?

**15.** « *Un pouvoir, une puissance, une force* » (ligne 59), « *confuse, puissante, horrible* » (lignes 65-66) : relevez d'autres exemples de style ternaire★.

## À VOS PLUMES !

**16.** En vous inspirant du portrait de Jacques Parent, rédigez le portrait d'un personnage, en insistant vous aussi sur une ou deux particularités.

**17.** Quelles ressemblances et quelles différences le héros d'*Un fou* ? offre-t-il avec le narrateur du *Horla* ?

## LIRE L'IMAGE

**18.** Décrivez le tableau *Charcot à la Salpêtrière*, page 94. Illustre-t-il une scène ou un thème de ce conte ? Justifiez votre réponse.

*hypnotisme :* ensemble des phénomènes qui constituent le sommeil artificiel provoqué.

*comparaison :* rapprochement de termes exprimé à l'aide de mots outils (comme, ainsi que...).

*métaphore :* rapprochement de termes exprimé sans mots outils, de façon implicite.

*style ternaire :* qui se compose de trois éléments.

Apparition

On parlait de séquestration[1] à propos d'un procès récent. C'était à la fin d'une soirée intime, rue de Grenelle, dans un ancien hôtel, et chacun avait son histoire, une histoire qu'il affirmait vraie.

Alors le vieux marquis de la Tour-Samuel, âgé de quatre-vingt-deux ans, se leva et vint s'appuyer à la cheminée. Il dit de sa voix un peu tremblante :

– Moi aussi, je sais une chose étrange, tellement étrange, qu'elle a été l'obsession de ma vie. Voici maintenant cinquante-six ans que cette aventure m'est arrivée, et il ne se passe pas un mois sans que je la revoie en rêve. Il m'est demeuré de ce jour-là une marque, une empreinte de peur, me comprenez-vous ? Oui, j'ai subi l'horrible épouvante, pendant dix minutes, d'une telle

notes

**1. séquestration :** le fait de tenir quelqu'un enfermé illégalement.

15 façon que depuis cette heure une sorte de terreur constante m'est restée dans l'âme. Les bruits inattendus me font tressaillir jusqu'au cœur ; les objets que je distingue mal dans l'ombre du soir me donnent une envie folle de me sauver. J'ai peur la nuit, enfin.

20 Oh ! je n'aurais pas avoué cela avant d'être arrivé à l'âge où je suis. Maintenant je peux tout dire. Il est permis de n'être pas brave devant les dangers imaginaires, quand on a quatre-vingt-deux ans. Devant les dangers véritables, je n'ai jamais reculé, mesdames.

25 Cette histoire m'a tellement bouleversé l'esprit, a jeté en moi un trouble si profond, si mystérieux, si épouvantable, que je ne l'ai même jamais racontée. Je l'ai gardée dans le fond intime de moi, dans ce fond où l'on cache les secrets pénibles, les secrets honteux, toutes les inavouables faiblesses
30 que nous avons dans notre existence.

Je vais vous dire l'aventure telle quelle, sans chercher à l'expliquer. Il est bien certain qu'elle est explicable, à moins que je n'aie eu mon heure de folie. Mais non, je n'ai pas été fou, et je vous en donnerai la preuve. Imaginez ce que vous
35 voudrez. Voici les faits tout simples.

C'était en 1827, au mois de juillet. Je me trouvais à Rouen en garnison[1].

Un jour, comme je me promenais sur le quai, je rencontrai un homme que je crus reconnaître sans me rappeler au
40 juste qui c'était. Je fis, par instinct, un mouvement pour m'arrêter. L'étranger aperçut ce geste, me regarda et tomba dans mes bras.

---

**notes**

**1. à Rouen en garnison :**
affecté à une troupe installée
à Rouen.

C'était un ami de jeunesse que j'avais beaucoup aimé. Depuis cinq ans que je ne l'avais vu, il semblait vieilli d'un demi-siècle. Ses cheveux étaient tout blancs ; et il marchait courbé, comme épuisé. Il comprit ma surprise et me conta sa vie. Un malheur terrible l'avait brisé.

Devenu follement amoureux d'une jeune fille, il l'avait épousée dans une sorte d'extase de bonheur. Après un an d'une félicité[1] surhumaine et d'une passion inapaisée, elle était morte subitement d'une maladie de cœur, tuée par l'amour lui-même, sans doute.

Il avait quitté son château le jour même de l'enterrement, et il était venu habiter son hôtel de Rouen. Il vivait là, solitaire et désespéré, rongé par la douleur, si misérable qu'il ne pensait qu'au suicide.

« Puisque je te retrouve ainsi, me dit-il, je te demanderai de me rendre un grand service, c'est d'aller chercher chez moi dans le secrétaire de ma chambre, de notre chambre, quelques papiers dont j'ai un urgent besoin. Je ne puis charger de ce soin un subalterne[2] ou un homme d'affaires, car il me faut une impénétrable discrétion et un silence absolu. Quant à moi, pour rien au monde je ne rentrerai dans cette maison.

Je te donnerai la clef de cette chambre que j'ai fermée moi-même en partant, et la clef de mon secrétaire. Tu remettras en outre un mot de moi à mon jardinier qui t'ouvrira le château.

Mais viens déjeuner avec moi demain, et nous causerons de cela. »

**notes**

1. *félicité :* bonheur.

2. *subalterne :* personne d'un rang inférieur, subordonné.

Je lui promis de lui rendre ce léger service. Ce n'était d'ailleurs qu'une promenade pour moi, son domaine se trouvant situé à cinq lieues[1] de Rouen environ. J'en avais pour une heure à cheval.

75 À dix heures, le lendemain, j'étais chez lui. Nous déjeunâmes en tête à tête ; mais il ne prononça pas vingt paroles. Il me pria de l'excuser ; la pensée de la visite que j'allais faire dans cette chambre, où gisait son bonheur, le bouleversait, me disait-il. Il me parut en effet singulièrement agité, pré-
80 occupé, comme si un mystérieux combat se fût livré dans son âme.

Enfin il m'expliqua exactement ce que je devais faire. C'était bien simple. Il me fallait prendre deux paquets de lettres et une liasse[2] de papiers enfermés dans le premier
85 tiroir de droite du meuble dont j'avais la clef. Il ajouta :

« Je n'ai pas besoin de te prier de n'y point jeter les yeux. »

Je fus presque blessé de cette parole, et je le lui dis un peu vivement. Il balbutia :

« Pardonne-moi, je souffre trop. »

90 Et il se mit à pleurer.

Je le quittai vers une heure pour accomplir ma mission.

Il faisait un temps radieux, et j'allais au grand trot à travers les prairies, écoutant des chants d'alouettes et le bruit rythmé de mon sabre sur ma botte.

95 Puis j'entrai dans la forêt et je mis au pas mon cheval. Des branches d'arbres me caressaient le visage ; et parfois j'attrapais une feuille avec mes dents et je la mâchais avidement, dans une de ces joies de vivre qui vous emplissent, on ne sait

**notes**

**1. lieues :** une lieue équivaut à environ 4 km.

**2. liasse de papiers :** papiers liés ensemble.

pourquoi, d'un bonheur tumultueux et comme insaisissable,
d'une sorte d'ivresse de force.

En approchant du château, je cherchais dans ma poche la
lettre que j'avais pour le jardinier, et je m'aperçus avec étonnement qu'elle était cachetée[1]. Je fus tellement surpris et
irrité que je faillis revenir sans m'acquitter de ma commission. Puis je songeai que j'allais montrer là une susceptibilité[2] de mauvais goût. Mon ami avait pu d'ailleurs fermer
ce mot sans y prendre garde, dans le trouble où il était.

Le manoir semblait abandonné depuis vingt ans. La barrière, ouverte et pourrie, tenait debout on ne sait comment.
L'herbe emplissait les allées ; on ne distinguait plus les plates-
bandes du gazon.

Au bruit que je fis en tapant à coups de pied dans un
volet, un vieil homme sortit d'une porte de côté et parut
stupéfait de me voir. Je sautai à terre et je remis ma lettre. Il
la lut, la relut, la retourna, me considéra en dessous, mit le
papier dans sa poche et prononça :

« Eh bien ! qu'est-ce que vous désirez ? »

Je répondis brusquement :

« Vous devez le savoir, puisque vous avez reçu là-dedans
les ordres de votre maître ; je veux entrer dans ce château. »

Il semblait atterré[3]. Il déclara :

« Alors, vous allez dans... dans sa chambre ? »

Je commençai à m'impatienter.

« Parbleu ! Mais est-ce que vous auriez l'intention de
m'interroger, par hasard ? »

---

**notes**

**1. cachetée :** fermée.

**2. susceptibilité :** le fait d'être susceptible, de s'offenser facilement.

**3. atterré :** abattu, accablé.

Il balbutia :

« Non... monsieur... mais c'est que... c'est qu'elle n'a pas été ouverte depuis... depuis la... mort. Si vous voulez m'attendre cinq minutes, je vais aller... aller voir si... »

130   Je l'interrompis avec colère :

« Ah ! çà, voyons, vous fichez-vous de moi ? Vous n'y pouvez pas entrer, puisque voici la clef. »

Il ne savait plus que dire.

« Alors, monsieur, je vais vous montrer la route.

135   — Montrez-moi l'escalier et laissez-moi seul. Je la trouverai bien sans vous.

— Mais... monsieur... cependant... »

Cette fois, je m'emportai tout à fait :

« Maintenant, taisez-vous, n'est-ce pas ? ou vous aurez

140 affaire à moi. »

Je l'écartai violemment et je pénétrai dans la maison.

Je traversai d'abord la cuisine, puis deux petites pièces que cet homme habitait avec sa femme. Je franchis ensuite un grand vestibule, je montai l'escalier et je reconnus la porte

145 indiquée par mon ami.

Je l'ouvris sans peine et entrai.

L'appartement était tellement sombre que je n'y distinguai rien d'abord. Je m'arrêtai, saisi par cette odeur moisie et fade des pièces inhabitées et condamnées, des chambres

150 mortes. Puis, peu à peu, mes yeux s'habituèrent à l'obscurité, et je vis assez nettement une grande pièce en désordre, avec un lit sans draps, mais gardant ses matelas et ses oreillers, dont l'un portait l'empreinte profonde d'un coude ou d'une tête comme si on venait de se poser dessus.

155   Les sièges semblaient en déroute. Je remarquai qu'une porte, celle d'une armoire sans doute, était demeurée entrouverte.

J'allai d'abord à la fenêtre pour donner du jour et je l'ouvris ; mais les ferrures du contrevent étaient tellement rouillées que je ne pus les faire céder.

J'essayai même de les casser avec mon sabre, sans y parvenir. Comme je m'irritais de ces efforts inutiles, et comme mes yeux s'étaient enfin parfaitement accoutumés à l'ombre, je renonçai à l'espoir d'y voir plus clair et j'allai au secrétaire.

Je m'assis dans un fauteuil, j'abattis la tablette, j'ouvris le tiroir indiqué. Il était plein jusqu'aux bords. Il ne me fallait que trois paquets, que je savais comment reconnaître, et je me mis à les chercher.

Je m'écarquillais les yeux à déchiffrer les suscriptions, quand je crus entendre ou plutôt sentir un frôlement derrière moi. Je n'y pris point garde, pensant qu'un courant d'air avait fait remuer quelque étoffe. Mais, au bout d'une minute, un autre mouvement, presque indistinct, me fit passer sur la peau un singulier petit frisson désagréable. C'était tellement bête d'être ému, même à peine, que je ne voulus pas me retourner, par pudeur pour moi-même. Je venais alors de découvrir la seconde des liasses qu'il me fallait ; et je trouvais justement la troisième, quand un grand et pénible soupir, poussé contre mon épaule, me fit faire un bond de fou à deux mètres de là. Dans mon élan je m'étais retourné, la main sur la poignée de mon sabre, et certes, si je ne l'avais pas senti à mon côté, je me serais enfui comme un lâche.

Une grande femme vêtue de blanc me regardait, debout derrière le fauteuil où j'étais assis une seconde plus tôt.

Une telle secousse me courut dans les membres que je faillis m'abattre à la renverse ! Oh ! personne ne peut comprendre, à moins de les avoir ressenties, ces épouvantables et stupides terreurs. L'âme se fond ; on ne sent plus son

Tableau d'Edvard Munch (1863-1944),
*La Séparation*, 1896.

190  cœur ; le corps entier devient mou comme une éponge, on
dirait que tout l'intérieur de nous s'écroule.

Je ne crois pas aux fantômes ; eh bien ! j'ai défailli sous la
hideuse peur des morts, et j'ai souffert, oh ! souffert en
quelques instants plus qu'en tout le reste de ma vie, dans
195  l'angoisse irrésistible des épouvantes surnaturelles.

Si elle n'avait pas parlé, je serais mort peut-être ! Mais elle
parla ; elle parla d'une voix douce et douloureuse qui faisait
vibrer les nerfs. Je n'oserais pas dire que je redevins maître de
moi et que je retrouvai ma raison. Non. J'étais éperdu à ne
200  plus savoir ce que je faisais ; mais cette espèce de fierté
intime que j'ai en moi, un peu d'orgueil de métier aussi,
me faisaient garder, presque malgré moi, une contenance[1]

**notes**

**1. contenance :** maintien,
posture.

honorable. Je posais[1] pour moi, et pour elle sans doute, pour elle, quelle qu'elle fût, femme ou spectre[2]. Je me suis rendu compte de tout cela plus tard, car je vous assure que, dans l'instant de l'apparition, je ne songeais à rien. J'avais peur.

Elle dit :

« Oh ! monsieur, vous pouvez me rendre un grand service ! »

Je voulus répondre, mais il me fut impossible de prononcer un mot. Un bruit vague sortit de ma gorge.

Elle reprit :

« Voulez-vous ? Vous pouvez me sauver, me guérir. Je souffre affreusement. Je souffre, oh ! je souffre ! »

Et elle s'assit doucement dans mon fauteuil. Elle me regardait :

« Voulez-vous ? »

Je fis : « Oui ! » de la tête, ayant encore la voix paralysée.

Alors elle me tendit un peigne en écaille[3] et elle murmura :

« Peignez-moi, oh ! peignez-moi ; cela me guérira ; il faut qu'on me peigne. Regardez ma tête... Comme je souffre ; et mes cheveux, comme ils me font mal ! »

Ses cheveux dénoués, très longs, très noirs, me semblait-il, pendaient par-dessus le dossier du fauteuil et touchaient la terre.

Pourquoi ai-je fait ceci ? Pourquoi ai-je reçu en frissonnant ce peigne, et pourquoi ai-je pris dans mes mains ses longs cheveux qui me donnèrent à la peau une sensation de froid atroce comme si j'eusse manié des serpents ? Je n'en sais rien.

Cette sensation m'est restée dans les doigts et je tressaille en y songeant.

Je la peignai. Je maniai je ne sais comment cette chevelure de glace. Je la tordis, je la renouai et la dénouai ; je la tressai comme on tresse la crinière d'un cheval. Elle soupirait, penchait la tête, semblait heureuse.

Soudain elle me dit : « Merci ! » m'arracha le peigne des mains et s'enfuit par la porte que j'avais remarquée entrouverte.

Resté seul, j'eus, pendant quelques secondes, ce trouble effaré[1] des réveils après les cauchemars. Puis je repris enfin mes sens ; je courus à la fenêtre et je brisai les contrevents d'une poussée furieuse.

Un flot de jour entra. Je m'élançai sur la porte par où cet être était parti. Je la trouvai fermée et inébranlable.

Alors une fièvre de fuite m'envahit, une panique, la vraie panique des batailles. Je saisis brusquement les trois paquets de lettres sur le secrétaire ouvert ; je traversai l'appartement en courant, je sautai les marches de l'escalier quatre par quatre, je me trouvai dehors je ne sais par où, et, apercevant mon cheval à dix pas de moi, je l'enfourchai d'un bond et partis au galop.

Je ne m'arrêtai qu'à Rouen, et devant mon logis. Ayant jeté la bride à mon ordonnance[2], je me sauvai dans ma chambre où je m'enfermai pour réfléchir.

Alors, pendant une heure, je me demandai anxieusement si je n'avais pas été le jouet d'une hallucination[3]. Certes,

---

**notes**

**1. effaré :** affolé.

**2. ordonnance :** soldat au service d'un officier.

**3. hallucination :** trouble psychique qui fait percevoir à une personne des choses irréelles.

j'avais eu un de ces incompréhensibles ébranlements
nerveux, un de ces affolements du cerveau qui enfantent les
miracles, à qui le Surnaturel doit sa puissance.

Et j'allais croire à une vision, à une erreur de mes sens,
quand je m'approchai de ma fenêtre. Mes yeux, par hasard,
descendirent sur ma poitrine. Mon dolman[1] était plein de
longs cheveux de femme qui s'étaient enroulés aux boutons !

Je les saisis un à un et je les jetai dehors avec des tremblements dans les doigts.

**Illustration pour le conte « Apparition »,
paru dans le recueil *Clair de lune*, Paris, 1884.**

<u>notes</u>

**1. *dolman* :** veste militaire
ajustée à la taille.

Puis j'appelai mon ordonnance. Je me sentais trop ému, trop troublé, pour aller le jour même chez mon ami. Et puis je voulais mûrement réfléchir à ce que je devais lui dire.

Je lui fis porter ses lettres, dont il remit un reçu au soldat. Il s'informa beaucoup de moi. On lui dit que j'étais souffrant, que j'avais reçu un coup de soleil, je ne sais quoi. Il parut inquiet.

Je me rendis chez lui le lendemain, dès l'aube, résolu à lui dire la vérité. Il était sorti la veille au soir et pas rentré.

Je revins dans la journée, on ne l'avait pas revu. J'attendis une semaine. Il ne reparut pas. Alors je prévins la justice. On le fit rechercher partout, sans découvrir une trace de son passage ou de sa retraite.

Une visite minutieuse fut faite du château abandonné. On n'y découvrit rien de suspect.

Aucun indice ne révéla qu'une femme y eût été cachée.

L'enquête n'aboutissant à rien, les recherches furent interrompues.

Et, depuis cinquante-six ans, je n'ai rien appris. Je ne sais rien de plus.

# Au fil du texte

## AVEZ-VOUS BIEN LU ?

**1.** Quelle est la situation d'énonciation★ ?

**2.** Pourquoi le narrateur★ fait-il maintenant ce récit ?

**3.** Combien de temps s'est-il écoulé entre le moment de l'aventure et celui du récit ?

**4.** Pourquoi l'apparence de son ami intrigue-t-elle le narrateur ?

**5.** Quelle est la mission du protagoniste★ ?

**6.** Pourquoi est-il irrité en constatant que la lettre est cachetée ?

**7.** En quoi cette apparition le déconcerte-t-elle ?

**8.** Quel autre mystère s'ajoute au mystère de l'apparition ?

*situation d'énonciation :* conditions dans lesquelles sont prononcées certaines paroles (Qui parle ? À qui ? Dans quelles circonstances ? À quel sujet ?).

*narrateur :* celui qui raconte.

*protagoniste :* personnage principal.

## ÉTUDIER LE VOCABULAIRE

**9.** Dans les lignes 184 à 195, relevez les termes exprimant la peur, et classez-les par ordre croissant d'intensité.

## ÉTUDIER LA GRAMMAIRE

**10.** « *L'appartement était tellement sombre que je n'y distinguai rien d'abord* » (lignes 147-148). Quelle est la fonction de la subordonnée ? Réécrivez la phrase de façon à obtenir le rapport inverse.

**11.** « *Si je ne l'avais pas senti à mon côté, je me serais enfui comme un lâche* » (lignes 182-183). Identifiez les formes verbales. Avons-nous affaire ici à un potentiel, un irréel du présent ou un irréel du passé ?

**12.** « *Follement, subitement, violemment* » : quelle est la nature de ces termes ? Comment sont-ils formés ?

## ÉTUDIER LE GENRE FANTASTIQUE

**13.** À quels thèmes du fantastique le récit se rattache-t-il ?

**14.** Quelle est la « preuve » de la réalité de l'apparition ?

**15.** Relisez la première phrase du conte : quels détails plaident pour une explication rationnelle ? Quels détails plaident pour une explication fantastique ?

## ÉTUDIER UN THÈME : L'AMBIGUÏTÉ

**16.** Dès le début du conte, deux hypothèses sont avancées pour expliquer le fait mystérieux qui va être évoqué : lesquelles ?

**17.** En quoi l'attitude du jardinier peut-elle surprendre ?

**18.** Et celle de l'ami du narrateur (pensez à la lettre cachetée, par exemple) ?

**19.** La chambre est-elle habitée ? Relevez le pour et le contre.

**20.** Quels détails laissent entendre que la jeune femme est vivante ? Et quels détails suggèrent le contraire ?

# ÉTUDIER L'ÉCRITURE

**21.** « *J'allais au grand trot à travers les prairies* »
(lignes 92-93). Relevez une allitération★ dans
cette phrase.

**22.** Que traduisent les points de suspension
dans les réponses du jardinier ?

**23.** Relevez les termes qui entrent dans le champ
lexical★ de « *l'apparition* » (lignes 184 à 206).

**24.** Relevez la métaphore★ et la comparaison★
relatives à la chevelure (lignes 227 à 237).
Peuvent-elles suggérer que la jeune femme est
un spectre ?

# À VOS PLUMES !

**25.** Imaginez un autre dénouement★ : l'ami n'a pas
disparu, et le narrateur lui rend compte de sa visite
au château.

# LIRE L'IMAGE

**26.** Relevez tous les éléments représentés sur
l'image de la page 113 (mobilier, vêtements, etc.)
qui jouent un rôle dans la nouvelle. L'illustration
est-elle fidèle au texte ?

*allitération :*
répétition d'une
consonne ou
d'un groupe
de consonnes
dans une
phrase.

*champ lexical :*
ensemble
de mots se
rapportant
à une même
idée.

*métaphore :*
rapprochement
de termes
exprimé
sans mots outils,
de façon
implicite.

*comparaison :*
rapprochement
de termes
exprimé à l'aide
de mots outils
(comme, ainsi
que…).

*dénouement :*
manière dont le
récit s'achève.

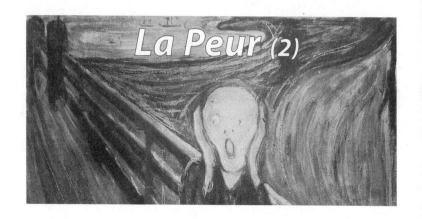

La Peur (2)

Le train filait, à toute vapeur, dans les ténèbres.

Je me trouvais seul, en face d'un vieux monsieur qui regardait par la portière. On sentait fortement le phénol[1] dans le wagon du P.-L.-M.[2] venu sans doute de Marseille.

C'était par une nuit sans lune, sans air, brûlante. On ne voyait point d'étoiles, et le souffle du train lancé nous jetait quelque chose de chaud, de mou, d'accablant, d'irrespirable.

Partis de Paris depuis trois heures, nous allions vers le centre de la France sans rien voir des pays traversés.

Ce fut tout à coup comme une apparition fantastique. Autour d'un grand feu, dans un bois, deux hommes étaient debout.

**notes**

*1. phénol :* désinfectant à odeur caractéristique.

*2. P.-L.-M. :* Paris-Lyon-Marseille.

15     Nous vîmes cela pendant une seconde : c'était, nous sembla-t-il, deux misérables, en haillons, rouges dans la lueur éclatante du foyer, avec leurs faces barbues tournées vers nous, et autour d'eux, comme un décor de drame, les arbres verts, d'un vert clair et luisant, les troncs frappés par le
20 vif reflet de la flamme, le feuillage traversé, pénétré, mouillé par la lumière qui coulait dedans.

    Puis tout redevint noir de nouveau.

    Certes, ce fut une vision fort étrange ! Que faisaient-ils dans cette forêt, ces deux rôdeurs ? Pourquoi ce feu dans
25 cette nuit étouffante ?

    Mon voisin tira sa montre et me dit :

    « Il est juste minuit, monsieur, nous venons de voir une singulière chose. »

    J'en convins et nous commençâmes à causer, à chercher
30 ce que pouvaient être ces personnages : des malfaiteurs qui brûlaient des preuves ou des sorciers qui préparaient un philtre[1] ? On n'allume pas un feu pareil, à minuit, en plein été, dans une forêt, pour cuire la soupe ? Que faisaient-ils donc ? Nous ne pûmes rien imaginer de vraisemblable.

35     Et mon voisin se mit à parler... C'était un vieil homme, dont je ne parvins point à déterminer la profession. Un original assurément, fort instruit, et qui semblait peut-être un peu détraqué.

    Mais sait-on quels sont les sages et quels sont les fous,
40 dans cette vie où la raison devrait souvent s'appeler sottise et la folie s'appeler génie ?

    Il disait :

**notes**

**1. philtre :** breuvage magique
(homonyme de *filtre*).

– Je suis content d'avoir vu cela. J'ai éprouvé pendant quelques minutes une sensation disparue !

Comme la terre devait être troublante autrefois, quand elle était si mystérieuse !

À mesure qu'on lève les voiles de l'inconnu, on dépeuple l'imagination des hommes. Vous ne trouvez pas, monsieur, que la nuit est bien vide et d'un noir bien vulgaire depuis qu'elle n'a plus d'apparitions ?

On se dit : « Plus de fantastique, plus de croyances étranges, tout l'inexpliqué est explicable. Le surnaturel baisse comme un lac qu'un canal épuise ; la science, de jour en jour, recule les limites du merveilleux. »

Eh bien, moi, monsieur, j'appartiens à la vieille race, qui aime à croire. J'appartiens à la vieille race naïve accoutumée à ne pas comprendre, à ne pas chercher, à ne pas savoir, faite aux mystères environnants et qui se refuse à la simple et nette vérité.

Oui, monsieur, on a dépeuplé l'imagination en surprenant l'invisible. Notre terre m'apparaît aujourd'hui comme un monde abandonné, vide et nu. Les croyances sont parties qui la rendaient poétique. Quand je sors la nuit, comme je voudrais frissonner de cette angoisse qui fait se signer les vieilles femmes le long des murs des cimetières et se sauver les derniers superstitieux devant les vapeurs étranges des marais et les fantasques feux follets[1] ! Comme je voudrais croire à ce quelque chose de vague et de terrifiant qu'on s'imaginait sentir passer dans l'ombre.

**notes**

**1. feux follets :** lueurs apparaissant parfois la nuit au-dessus des marais ou des cimetières.

70 Comme l'obscurité des soirs devait être sombre, terrible, autrefois, quand elle était pleine d'êtres fabuleux, inconnus, rôdeurs méchants, dont on ne pouvait deviner les formes, dont l'appréhension glaçait le cœur, dont la puissance occulte[1] passait les bornes de notre pensée, et dont l'atteinte 75 était inévitable !

Avec le surnaturel, la vraie peur a disparu de la terre, car on n'a vraiment peur que de ce qu'on ne comprend pas. Les dangers visibles peuvent émouvoir, troubler, effrayer ! Qu'est cela auprès de la convulsion[2] que donne à l'âme la pensée 80 qu'on va rencontrer un spectre[3] errant, qu'on va subir l'étreinte d'un mort, qu'on va voir accourir une de ces bêtes effroyables qu'inventa l'épouvante des hommes ? Les ténèbres me semblent claires depuis qu'elles ne sont plus hantées.

85 Et la preuve de cela, c'est que si nous nous trouvions seuls tout à coup dans ce bois, nous serions poursuivis par l'image des deux êtres singuliers qui viennent de nous apparaître dans l'éclair de leur foyer, bien plus que par l'appréhension d'un danger quelconque réel.

90 Il répéta : « On n'a vraiment peur que de ce qu'on ne comprend pas. »

Et tout à coup un souvenir me vint, le souvenir d'une histoire que nous conta Tourgueneff[4], un dimanche, chez Gustave Flaubert[5].

95 L'a-t-il écrite quelque part, je n'en sais rien.

---

**notes**

**1. occulte :** cachée, secrète.

**2. convulsion :** mouvement désordonné, contraction, soubresaut.

**3. spectre :** fantôme.

**4. Tourgueneff (Tourgueniev) :** écrivain russe (1818-1883) qui fit de nombreux séjours en France.

**5. Flaubert (Gustave) :** écrivain français (1821-1880), le maître de Maupassant. Il recevait des confrères le dimanche.

Personne plus que le grand romancier russe ne sut faire passer dans l'âme ce frisson de l'inconnu voilé, et, dans la demi-lumière d'un conte étrange, laisser entrevoir tout un monde de choses inquiétantes, incertaines, menaçantes.

100 Avec lui, on la sent bien, la peur vague de l'Invisible, la peur de l'inconnu qui est derrière le mur, derrière la porte, derrière la vie apparente. Avec lui, nous sommes brusquement traversés par des lumières douteuses qui éclairent seulement assez pour augmenter notre angoisse.

105 Il semble nous montrer parfois la signification de coïncidences bizarres, de rapprochements inattendus de circonstances en apparence fortuites[1], mais que guiderait une volonté cachée et sournoise. On croit sentir, avec lui, un fil imperceptible qui nous guide d'une façon mystérieuse à
110 travers la vie, comme à travers un rêve nébuleux[2] dont le sens nous échappe sans cesse.

Il n'entre point hardiment dans le surnaturel, comme Edgar Poe[3] ou Hoffmann[4], il raconte des histoires simples où se mêle seulement quelque chose d'un peu vague et d'un
115 peu troublant.

Il nous dit aussi, ce jour-là : « On n'a vraiment peur que de ce qu'on ne comprend point. »

Il était assis, ou plutôt affaissé dans un grand fauteuil, les bras pendants, les jambes allongées et molles, la tête toute
120 blanche, noyé dans ce grand flot de barbe et de cheveux d'argent qui lui donnait l'aspect d'un père éternel ou d'un fleuve[5] d'Ovide[6].

## notes

**1. fortuites :** dues au hasard.

**2. nébuleux :** obscur, confus.

**3. Poe (Edgar Allan) :** écrivain américain (1809-1849). Ses *Histoires extraordinaires* furent traduites par Baudelaire.

**4. Hoffmann (Ernst Theodor Wilhelm) :** écrivain et compositeur allemand (1776-1822) dont les récits fantastiques eurent beaucoup de succès en France, à partir de 1830.

**5. un fleuve :** un fleuve représenté sous la forme d'un vieillard.

**6. Ovide (Publius Ovidius Naso) :** poète latin (43 av. J.-C.-17 ou 18 apr. J.-C.).

Il parlait lentement, avec une certaine paresse qui donnait du charme aux phrases et une certaine hésitation de la
125 langue un peu lourde qui soulignait la justesse colorée des mots. Son œil pâle, grand ouvert, reflétait, comme un œil d'enfant, toutes les émotions de sa pensée.

Il nous raconta ceci :

Il chassait, étant jeune homme, dans une forêt de Russie.
130 Il avait marché tout le jour et il arriva, vers la fin de l'après-midi, sur le bord d'une calme rivière.

Elle coulait sous les arbres, dans les arbres, pleine d'herbes flottantes, profonde, froide et claire.

Un besoin impérieux saisit le chasseur de se jeter dans
135 cette eau transparente. Il se dévêtit et s'élança dans le courant. C'était un très grand et très fort garçon, vigoureux et hardi nageur.

Il se laissait flotter doucement, l'âme tranquille, frôlé par les herbes et les racines, heureux de sentir contre sa chair le
140 glissement léger des lianes.

Tout à coup une main se posa sur son épaule.

Il se retourna d'une secousse et il aperçut un être effroyable qui le regardait avidement.

Cela ressemblait à une femme ou à une guenon. Elle avait
145 une figure énorme, plissée, grimaçante et qui riait. Deux choses innommables, deux mamelles sans doute, flottaient devant elle, et des cheveux démesurés, mêlés, roussis par le soleil, entouraient son visage et flottaient sur son dos.

Tourgueneff se sentit traversé par la peur hideuse[1], la peur
150 glaciale des choses surnaturelles.

notes
_____
**1. hideuse :** affreuse, horrible.

Sans réfléchir, sans songer, sans comprendre, il se mit à nager éperdument vers la rive. Mais le monstre nageait plus vite encore et il lui touchait le cou, le dos, les jambes, avec de petits ricanements de joie. Le jeune homme, fou d'épou-
155 vante, toucha la berge, enfin, et s'élança de toute sa vitesse à travers le bois, sans même penser à retrouver ses habits et son fusil.

L'être effroyable le suivit, courant aussi vite que lui et grognant toujours.

160 Le fuyard, à bout de forces et perclus[1] par la terreur, allait tomber, quand un enfant qui gardait des chèvres accourut, armé d'un fouet ; il se mit à frapper l'affreuse bête humaine, qui se sauva en poussant des cris de douleur. Et Tourgueneff la vit disparaître dans le feuillage, pareille à une femelle de
165 gorille.

C'était une folle, qui vivait depuis plus de trente ans dans ce bois, de la charité des bergers, et qui passait la moitié de ses jours à nager dans la rivière.

Le grand écrivain russe ajouta : « Je n'ai jamais eu si peur
170 de ma vie, parce que je n'ai pas compris ce que pouvait être ce monstre. »

Mon compagnon, à qui j'avais dit cette aventure, reprit :
– Oui, on n'a peur que de ce qu'on ne comprend pas. On n'éprouve vraiment l'affreuse convulsion de l'âme, qui
175 s'appelle l'épouvante, que lorsque se mêle à la peur un peu de la terreur superstitieuse des siècles passés. Moi, j'ai ressenti cette épouvante dans toute son horreur, et cela pour une chose si simple, si bête, que j'ose à peine la dire.

notes
_____

**1. perclus :** paralysé.

Je voyageais en Bretagne, tout seul, à pied. J'avais par-
couru le Finistère, les landes[1] désolées, les terres nues où ne
pousse que l'ajonc[2], à côté des grandes pierres sacrées[3], des
pierres hantées. J'avais visité, la veille, la sinistre pointe du
Raz[4], ce bout du vieux monde, où se battent éternellement
deux océans : l'Atlantique et la Manche ; j'avais l'esprit plein
de légendes, d'histoires lues ou racontées sur cette terre des
croyances et des superstitions.

Et j'allai de Penmarch à Pont-l'Abbé[5], de nuit.
Connaissez-vous Penmarch ? Un rivage plat, tout plat, tout
bas, plus bas que la mer, semble-t-il. On la voit partout,
menaçante et grise, cette mer pleine d'écueils baveux
comme des bêtes furieuses.

J'avais dîné dans un cabaret de pêcheurs, et je marchais
maintenant sur la route droite, entre deux landes. Il faisait
très noir.

De temps en temps, une pierre druidique[6], pareille à un
fantôme debout, semblait me regarder passer, et peu à peu
entrait en moi une appréhension vague ; de quoi ? Je n'en
savais rien. Il est des soirs où l'on se croit frôlé par des esprits,
où l'âme frissonne sans raison, où le cœur bat sous la crainte
confuse de ce quelque chose d'invisible que je regrette, moi.

Elle me semblait longue, cette route, longue et vide inter-
minablement.

Aucun bruit que le ronflement des flots, là-bas, derrière
moi, et parfois ce bruit monotone et menaçant semblait tout

---

**notes**

1. **landes :** étendues incultes.

2. **ajonc :** arbrisseau épineux.

3. **grandes pierres sacrées :** menhirs et dolmens.

4. **pointe du Raz :** promontoire de granit à l'extrémité de la Bretagne.

5. **de Penmarch à Pont-l'Abbé :** onze kilomètres environ séparent ces deux localités du Finistère.

6. **une pierre druidique :** une pierre des druides, c'est-à-dire un menhir.

205 près, si près, que je les croyais sur mes talons, courant par la plaine avec leur front d'écume, et que j'avais envie de me sauver, de fuir à toutes jambes devant eux.

Le vent, un vent bas soufflant par rafales, faisait siffler les ajoncs autour de moi. Et, bien que j'allasse très vite, j'avais 210 froid dans les bras et dans les jambes : un vilain froid d'angoisse.

Oh ! comme j'aurais voulu rencontrer quelqu'un !

Il faisait si noir que je distinguais à peine la route, maintenant.

215 Et tout à coup j'entendis devant moi, très loin, un roulement. Je pensai : « Tiens, une voiture. » Puis je n'entendis plus rien.

Au bout d'une minute, je perçus distinctement le même bruit, plus proche.

220 Je ne voyais aucune lumière, cependant ; mais je me dis : « Ils n'ont pas de lanterne. Quoi d'étonnant dans ce pays de sauvage. »

Le bruit s'arrêta encore, puis reprit. Il était trop grêle pour que ce fût une charrette ; et je n'entendais point 225 d'ailleurs le trot du cheval, ce qui m'étonnait, car la nuit était calme.

Je cherchais : « Qu'est-ce que cela ? »

Il approchait vite, très vite ! Certes, je n'entendais rien qu'une roue – aucun battement de fers ou de pieds, rien. 230 Qu'était-ce que cela ?

Il était tout près, tout près ; je me jetai dans un fossé par un mouvement de peur instinctive, et je vis passer contre moi une brouette, qui courait... toute seule, personne ne la poussait... Oui... une brouette... toute seule...

235 Mon cœur se mit à bondir si violemment que je m'affaissai sur l'herbe et j'écoutais le roulement de la roue qui

s'éloignait, qui s'en allait vers la mer. Et je n'osais plus me lever, ni marcher, ni faire un mouvement ; car si elle était revenue, si elle m'avait poursuivi, je serais mort de terreur.

240   Je fus longtemps à me remettre, bien longtemps. Et je fis le reste du chemin avec une telle angoisse dans l'âme que le moindre bruit me coupait l'haleine.

Est-ce bête, dites ? Mais quelle peur ! En y réfléchissant, plus tard, j'ai compris : un enfant, nu-pieds, la menait sans
245   doute, cette brouette ; et moi, j'ai cherché la tête d'un homme à la hauteur ordinaire !

Comprenez-vous cela... quand on a déjà dans l'esprit un frisson de surnaturel... une brouette qui court... toute seule... Quelle peur !

250   Il se tut une seconde, puis reprit :

– Tenez, monsieur, nous assistons à un spectacle curieux et terrible : cette invasion du choléra[1].

Vous sentez le phénol dont ces wagons sont empoisonnés, c'est qu'il est là quelque part.

255   Il faut voir Toulon en ce moment. Allez, on sent bien qu'il est là, lui. Et ce n'est pas la peur d'une maladie qui affole ces gens. Le choléra, c'est autre chose, c'est l'Invisible, c'est un fléau[2] d'autrefois, des temps passés, une sorte d'Esprit malfaisant qui revient et qui nous étonne autant
260   qu'il nous épouvante, car il appartient, semble-t-il, aux âges disparus.

Les médecins me font rire avec leur microbe. Ce n'est pas un insecte qui terrifie les hommes au point de les faire

notes

1. choléra : maladie épidémique. Le choléra avait sévi à Toulon au printemps de 1884, peu de temps,

donc, avant la publication de ce conte dans Le Figaro, le 25 juillet.

2. fléau : calamité.

*Le Choléra*, dessin d'Honoré Daumier (1808-1879).

265 sauter par la fenêtre ; c'est le choléra, l'être inexprimable et terrible venu du fond de l'Orient.

Traversez Toulon, on danse dans les rues.

Pourquoi danser en ces jours de mort ? On tire des feux d'artifices dans la campagne autour de la ville ; on allume des feux de joie ; des orchestres jouent des airs joyeux sur toutes 270 les promenades publiques.

C'est qu'Il est là, c'est qu'on le brave, non pas le Microbe, mais le Choléra, et qu'on veut être crâne[1] devant lui, comme auprès d'un ennemi caché qui vous guette. C'est pour lui qu'on danse, qu'on rit, qu'on crie, qu'on allume ces feux, 275 qu'on joue ces valses, pour lui, l'Esprit qui tue, et qu'on sent partout présent, invisible, menaçant, comme un de ces anciens génies du mal que conjuraient[2] les prêtres barbares...

**Tourgueniev, gravure d'Edmond Hédouin, 1868.**

notes

**1. crâne :** brave, courageux.
**2. conjuraient :** écartaient par des formules magiques.

# Au fil du texte

## AVEZ-VOUS BIEN LU ?

**1.** Quelle est, au début du conte, la situation d'énonciation\* ?

**2.** Quelles sont les circonstances qui rendent la vision fantastique aux yeux des voyageurs ?

*situation d'énonciation :* conditions dans lesquelles sont prononcées certaines paroles (Qui parle ? À qui ? Dans quelles circonstances ? À quel sujet ?).

*narrateur :* celui qui raconte.

**3.** Une phrase revient à quatre reprises comme un leitmotiv : relevez-la.

**4.** En quoi cette phrase rend-elle compte des deux récits ?

**5.** Recopiez et complétez le tableau suivant :

|  | 1er récit | 2e récit |
|---|---|---|
| Narrateur\* |  |  |
| Lieu de l'événement |  |  |
| Moment |  |  |
| Nombre de personnages |  |  |
| Péripéties |  |  |
| Le fait est-il expliqué ? |  |  |

**6.** Dans le second récit, quels détails de la narration conditionnent le voyageur à croire au surnaturel ?

**7.** À quel personnage de ces *Contes fantastiques*, le Choléra, « *Esprit malfaisant...* (ligne 259) *invisible... menaçant...* (ligne 276) » vous fait-il penser ?

# ÉTUDIER LE VOCABULAIRE

**8.** Recherchez les termes exprimant la peur et classez-les en fonction de leur intensité.

**9.** « *Explicable, effroyable, innommables* » : isolez le suffixe★ de ces mots, et donnez-en la valeur.

# ÉTUDIER LA GRAMMAIRE

**10.** « *Et, bien que j'allasse très vite* » (ligne 209) : justifiez le mode et le temps du verbe ; exprimez la même idée en remplaçant la subordonnée par un groupe nominal.

**11.** « *Pour que ce fût une charrette* » (ligne 224) : justifiez le temps et le mode du verbe.

**suffixe :**
dans un mot composé, c'est l'élément qui est placé après le radical.

**champ lexical :**
ensemble de mots se rapportant à une même idée.

# ÉTUDIER LE GENRE FANTASTIQUE

**12.** Quels sont les thèmes fantastiques évoqués :
*a)* dans la scène vue du train ?
*b)* dans le récit de Tourgueniev ?
*c)* dans le second récit ?

**13.** Lequel de ces termes conviendrait à chacun des récits : *étrange, féerique, fantastique, merveilleux* ? Justifiez votre réponse. (Voir le chapitre « Un genre littéraire : le conte fantastique », page 145.)

**14.** Pourquoi le choléra peut-il être considéré comme fantastique ?

# ÉTUDIER L'ÉCRITURE

**15.** Dans les lignes 45 à 75, relevez tous les termes qui entrent dans le champ lexical★ du mystère.

**16.** Dans les lignes 149 à 171, établissez le champ lexical de la peur.

**17.** « *Leur front d'écume* » (ligne 206) : comment appelle-t-on cette figure de style★ ?

## À VOS PLUMES !

**18.** « *La science, de jour en jour, recule les limites du merveilleux* » (lignes 53-54). Développez cette idée.

**19.** Imaginez un récit qui illustre cette affirmation : « *On n'a vraiment peur que de ce qu'on ne comprend pas* » (ligne 77).

**20.** Comme le narrateur du premier récit, regrettez-vous le temps où l'on pouvait croire à « *quelque chose de vague et de terrifiant* » (ligne 68) ?

**figure de style :** forme d'expression particulière (la métaphore, l'allégorie, la périphrase… sont des figures de style).

## LIRE L'IMAGE

**21.** Sous quelles formes la mort est-elle présente dans le dessin de la page 128 ? L'idée d'épidémie est-elle bien rendue ? Commentez l'attitude de la femme.

# Retour sur l'œuvre

**1. Choisissez la bonne réponse.**

*a)* Le mont Saint-Michel est décrit depuis :

    *A.* Avranches.

    *B.* Saint-Malo.

    *C.* Saint-Brieuc.

*b)* La cousine du narrateur du *Horla* se nomme :

    *A.* Sablière.

    *B.* Sablé.

    *C.* Sévigné.

*c)* Le docteur qui hypnotise la cousine du narrateur se nomme :

    *A.* Charcot.

    *B.* Mesmer.

    *C.* Parent.

*d)* Le récit *La Peur* (1) se déroule près de :

    *A.* Tombouctou.

    *B.* Ouagadougou.

    *C.* Ouargla.

*e)* La chienne du narrateur d'*Un fou ?* se nomme :

    *A.* Mirza.

    *B.* Diane.

    *C.* Follette.

*f)* L'écrivain russe évoqué dans *La Peur* (2) est :

    *A.* Tourgueniev.

    *B.* Tolstoï.

    *C.* Dostoïevski.

*g)* L'Anglais de *La Main* se nomme :

    *A.* Cromwell.

    *B.* Orwell.

    *C.* Rowell.

*h)* Le narrateur d'*Apparition* est accueilli au château par le :

    *A.* concierge.

    *B.* garde.

    *C.* jardinier.

**2.** Charade

*a)* Mon premier est un article.
Mon deuxième n'est pas propre.
Mon troisième travaille la pâte.
Mon quatrième est une époque.
Mon tout est un célèbre hôpital parisien.

*b)* Mon premier est un métal (en abrégé).
Mon deuxième est une note de musique.
Mon troisième est un État.
Mon tout est une vision.

*c)* Mon premier est une voyelle.
Mon deuxième sert à transporter les chevaux.
Mon troisième est une pièce du jeu d'échecs.
Mon quatrième permet de traverser un ruisseau.
Mon cinquième est la partie la plus grande d'une église.
Mon tout est un écrivain russe (prénom et nom).

**3.** Mots croisés
*Horizontalement*
*1.* Le juge de *La Main*.
*2.* Attiré comme par un aimant.
*3.* Serrera très fort.
*4.* Écrivain français. Général américain
(de droite à gauche).
*5.* Récipients. Note de musique ou conjonction.
*6.* Article ou note de musique. Écrivain, ami
de Maupassant.
*7.* Lettres du mot « contrôle ». La rivière y coule.
*8.* Matière dont est fait le peigne d'*Apparition*.
*9.* Du pays de Maupassant.

## Verticalement

I. Nationalité du trois-mâts dans *Le Horla*.

II. Pronom personnel. Début du mot « colère ».

III. Peu fréquents. Bus.

IV. Dans le pain. La chienne d'*Un fou ?* (de bas en haut).

V. Lettres du mot « humide ». Enduisit de colle.

VI. Matière employée par les tanneurs.
*Phonétique* : dessous de bras. *Phonétique* : prénom féminin.

VII. Grand pays d'Asie. Dans une expression signifiant l'autre monde (de bas en haut).

VIII. Personnes.

IX. Adjectif qui s'applique aux écrivains attachés à la réalité.

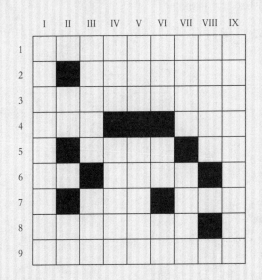

**4. Qui suis-je ?** Trouvez le nom du personnage et indiquez dans quel conte il apparaît.

*a)* Je suis un homme âgé qui a connu dans sa jeunesse une étrange aventure.

*b)* Ma profession de juge m'a conduit à connaître un crime étonnant en Corse.

*c)* Mes mains ont un pouvoir étrange qui me fascine et m'inquiète.

*d)* Médecin incrédule, j'ai dû assister à une séance d'exorcisme.

*e)* Mes cours d'hypnotisme étaient suivis par un large public.

*f)* Je suis une grave épidémie qui a sévi à Toulon en 1884.

*g)* Je suis un instrument de musique et j'annonce, croit-on, des malheurs.

**5. Mots en croix**
(Tous les mots figurent dans *Le Horla*.)

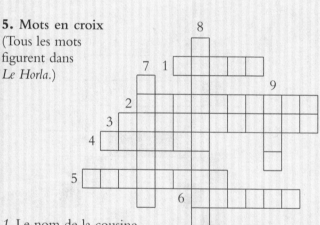

*1.* Le nom de la cousine.

*2.* Provoque un sommeil artificiel.

*3.* Hôpital où l'on pratiquait ce qui est évoqué au n° 2.

*4.* Le nom du docteur.

*5.* Plus fort que la peur.

*6.* Médecin allemand.

*7.* Un professeur célèbre.

*8.* Le médecin du n° 6 l'appela « animal ».

*9.* Le Horla en a beaucoup plus que cinq.

Dossier
Bibliocollège

# Structure narrative des contes

## L'ORGANISATION DU RÉCIT

### I. Un récit linéaire qui se déroule dans l'ordre chronologique.

*Le Horla* est un journal rédigé par un narrateur qui rapporte les événements survenus entre le 8 mai et le 10 septembre.

### II. Un récit qui est un retour en arrière.

*Un fou ?* rappelle, après une phrase de préambule, le souvenir d'un homme étrange, ami du narrateur.

### III. Cinq nouvelles qui sont des récits encadrés.

Les cinq autres nouvelles, *La Peur* (1) et (2), *Conte de Noël*, *La Main*, *Apparition*, sont des récits fantastiques qui prennent place, en effet, à l'intérieur du récit-cadre, le conte proprement dit. Le narrateur principal semble passer la plume (le micro ?) à un autre narrateur qui a vécu une aventure peu ordinaire. Les deux nouvelles homonymes de *La Peur* ont la particularité d'avoir chacune deux récits encadrés.

## LE POINT DE VUE

Tous les récits sont faits à la première personne. C'est évident pour *Le Horla* qui est une sorte de carnet de bord personnel, mais c'est aussi le cas pour les autres nouvelles (sauf dans le récit attribué à Tourguéniev). Nous avons donc affaire ici à un narrateur-personnage, mêlé à l'action.

Si le conte fantastique est souvent écrit à la première personne (et cela est vrai pour d'autres auteurs que Maupassant), c'est pour lui donner plus de force : on ajoute en effet plus facilement foi à ce que raconte le témoin ou même la victime d'une aventure étrange. Le conte paraît ainsi plus véridique, plus vraisemblable.

## QUI PARLE ?

Quels sont les narrateurs de ces faits étranges ? Un homme « *au teint bronzé* », un médecin, un juge d'instruction , un vieux marquis, un vieux monsieur et un narrateur qui est Maupassant lui-même, puisqu'il raconte une histoire qu'il a entendue dans des circonstances bien précises (« *une histoire que nous conta Tourgueneff, un dimanche, chez Gustave Flaubert* », page 121).
Ces récits prennent place dans des contes écrits eux-mêmes à la première personne, dans *La Peur* (1) (« *Nous étions là, six ou huit, silencieux* », page 54), dans *La Peur* (2) (« *Je me trouvais seul, en face d'un vieux monsieur* », page 118). Dans *La Main*, on ne peut préciser si le narrateur fait partie du groupe de personnes qui écoutent le juge – *on* étant par nature indéfini (« *On faisait cercle autour de M. Bermutier* », page 66). Dans *Apparition* et *Conte de Noël*, les récits-cadres sont à la troisième personne.

## À QUI ?

Cinq des sept nouvelles recueillies ici précisent la qualité des narrataires, c'est-à-dire de ceux à qui s'adressent les récits. Les narrataires privilégiées sont les femmes, bien qu'il y ait sans doute des hommes aussi dans l'auditoire.

# Structure narrative des contes

Les femmes – qui, pour Maupassant, ne peuvent être qu'émotives et impressionnables – constituent un auditoire de choix pour les intrépides conteurs…
« *J'ai vu un miracle ! Oui, mesdames, un miracle, la nuit de Noël* » (page 79), dit le narrateur de *Conte de Noël*.
« *Oh ! moi, mesdames, je vais gâter, certes, vos rêves terribles* » (page 75), dit celui de *La Main*. « *Devant les dangers véritables, je n'ai jamais reculé, mesdames* » (page 104), dit celui d'*Apparition*.
L'auditoire, dans *La Peur* (1), est différent : il s'agit de six ou huit personnes, des hommes probablement, qui se trouvent sur le pont d'un navire, en pleine Méditerranée. Quant aux deux voyageurs de *La Peur* (2), ils ont la particularité d'être tour à tour narrateur et narrataire, puisque chacun raconte à l'autre une aventure étrange.

Qu'on examine l'organisation des récits, le choix du point de vue, du narrateur ou du narrataire, et l'on conviendra que la variété semble être la règle chez Maupassant. À la concision et à la force de ses contes s'ajoute une évidente diversité.

# Il était une fois Maupassant

## Un admirateur de Flaubert

L'enfance et l'adolescence de Guy de Maupassant se sont déroulées en Normandie, principalement à Étretat. Normand comme Gustave Flaubert, qui est un ami d'enfance de sa mère, Maupassant subit assez tôt l'influence de l'écrivain, à qui il soumet ses premiers essais littéraires. Flaubert l'encourage, mais se montre exigeant : il restera pour lui le maître à imiter. Après le baccalauréat, obtenu à Rouen en 1869, il s'inscrit à la faculté de droit de Paris, mais ses études sont interrompues par la guerre franco-prussienne de 1870.

### Dates clés

**1850 :**
Maupassant naît le 5 août, au château de Miromesnil, près de Dieppe.

**1880 :**
il entre dans la littérature « comme un météore ».

**1893 :**
il meurt le 6 juillet à Passy.

## Un sportif accompli

Meurtri par la guerre, humilié par la défaite, il abandonne ses études et entre comme commis au ministère de la Marine qu'il quittera quelques années plus tard pour celui de l'Instruction publique. Il mène la vie pauvre, routinière, sans avenir, des petits employés de bureau du XIXᵉ siècle et s'ennuie ferme. Tout son temps libre, il le passe dans sa yole, sur la Seine. Ce jeune homme moustachu et vigoureux est en effet un sportif accompli : il aime la gymnastique, la natation, surtout le canotage, qu'il pratique même la nuit... Avec des camarades, il fréquente les bords de Seine (Argenteuil, Bezons, Bougival, Marly), côtoie une société populaire, pas très raffinée...

## Un écrivain célèbre

Cependant, il est reçu régulièrement par Émile Zola dans la maison de campagne que le romancier possède à Médan. Il y rencontre Joris-Karl Huysmans, Henry Céard, Léon Hennique, Paul Alexis. Tous ces jeunes écrivains publient en 1880, avec Zola, un recueil de nouvelles intitulé *Les Soirées de Médan* et qui a pour thème la guerre de 1870.

1880 est donc pour Maupassant une année décisive : *Boule-de-Suif* paraît, qui le révèle, et trois semaines plus tard, Flaubert meurt, comme s'il avait pressenti que son élève n'avait plus besoin de ses conseils... Maupassant quite alors le ministère pour se consacrer à l'écriture : il devient vite riche, s'achète un voilier, voyage. On est confondu par l'étendue de sa production littéraire : en une dizaine d'années, il a écrit six romans, trois cents contes réunis en recueils, et des récits de voyages inspirés par ses croisières en Méditerranée... Il peint tous les milieux, dans un style précis et réaliste, qui se refuse à embellir la vie : les paysans normands, les salons parisiens, le monde des canotiers, l'univers de la folie...

## Un homme malade

Mais cet écrivain riche et célèbre est aussi un grand malade. Très tôt, il a souffert de névralgies, de migraines, de troubles de la vision (sa mère souffrait des nerfs et son frère Hervé est mort à l'asile de Bron). Des crises de démence se manifestent, et il entre en 1892 dans la clinique du docteur Blanche, à Passy. Il y meurt dix-huit mois plus tard, à peine âgé de quarante-trois ans.

### Dates clés

**1880 :**
parution de
*Boule-de-Suif*
qui le révèle
au public.

**1881 :**
*La Maison Tellier.*

**1882 :**
*Mademoiselle Fifi.*

**1883 :**
*Une vie ;
Contes de
la bécasse.*

**1885 :**
*Bel-Ami.*

**1886 :**
*Toine.*

**1887 :**
*Le Horla ;
Mont-Oriol.*

**1888 :**
*Sur l'eau ;
Pierre et Jean.*

**1890 :**
*La Vie errante ;
Notre cœur.*

# Maupassant et son temps

## REPÈRES

Les ouvrages de Maupassant, bien ancrés dans la réalité, sont des témoignages sur son époque, même s'il n'y a pas de sa part volonté délibérée de « témoigner ».
Les récits, explicitement ou non, sont datés.
Ainsi, l'étrange aventure relatée dans *Apparition* s'est déroulée en 1827, mais est racontée cinquante-six ans plus tard – ce qui conduit à la date de 1883 (c'est l'année de la publication de la nouvelle dans *Le Gaulois*). De même, dans les dernières lignes de *La Peur* (2), est évoquée l'invasion du choléra qui sévit à Toulon – ce qui explique que « *le wagon du P.-L.-M. venu sans doute de Marseille* », et dans lequel se trouvent les deux interlocuteurs, sente le phénol (le désinfectant). Le choléra s'était répandu à Toulon au printemps de 1884 (c'est l'année de la publication de la nouvelle dans *Le Figaro*). Ce même conte permet aussi à Maupassant de rappeler le souvenir de Gustave Flaubert, disparu en 1880, et de son hôte Tourgueniev.
Autre allusion à l'époque dans *Le Horla*. En effet, le narrateur écrit à la date du 14 juillet :
« *Fête de la République. Je me suis promené par les rues. Les pétards et les drapeaux m'amusaient comme un enfant.* » Cette notation, qui nous paraît banale, l'était moins : à la parution du *Horla*, il n'y avait que sept ans que le 14 juillet avait été décrété fête nationale.

### Dates clés

**1880 :**
le 14 juillet devient le jour de la fête nationale.

**1884 :**
le choléra sévit à Toulon.

## MAGNÉTISME

Mais c'est surtout dans le domaine de la recherche médicale, ou plutôt psychiatrique, que Maupassant se fait un peu l'écho de son temps : l'école anglaise, l'école de Nancy, le docteur Charcot, la vogue du magnétisme, sont mentionnés ici dans deux contes, *Le Horla* et *Un fou ?*

L'école anglaise, déjà ancienne, avait été créée vers 1840 ; l'école de Nancy fut fondée par le docteur Liébeau en 1866 ; le docteur Charcot, après des travaux sur l'hystérie, avait entrepris des recherches sur l'hypnotisme en 1878. Ses cours du mardi à l'hospice de la Salpêtrière, à Paris, eurent un grand retentissement en Europe : Sigmund Freud, fondateur de la psychanalyse, fut initié par lui, en 1885, à la méthode hypnotique. Et avant d'écrire *Le Horla*, Maupassant assista à certains de ses cours, entre 1884 et 1886…

La scène du *Horla* dans laquelle le docteur Parent hypnotise Mᵐᵉ de Sablé évoque bien une expérience thérapeutique de Charcot à la Salpêtrière. Plus étonnant encore, dans *Un fou ?*, est le pouvoir magnétique de Jacques Parent (homonyme, donc, du docteur du *Horla*) qui hypnotise une chienne, attire les objets… Ces deux nouvelles mettent en évidence le pouvoir étonnant, incroyable, inquiétant des magnétiseurs, et ravivent l'angoisse du narrateur : le Horla, cet être invisible qui le hante, agit sur lui comme le docteur sur Mᵐᵉ de Sablé ; il peut donc le dominer et l'asservir…

Dans ce récit fantastique qui met en scène un être invisible et malfaisant, Maupassant use habilement des découvertes et des expériences de son époque.

### Dates clés

**1878 :**
le professeur Charcot entreprend des recherches sur l'hypnotisme. Sigmund Freud, le fondateur de la psychanalyse, suit ses cours en 1885.

# Un genre littéraire : le conte fantastique

## LES PRÉCURSEURS

Si certains romans anglais, comme *Le Château d'Otrante* d'Horace Walpole (1764), *Les Mystères d'Udolphe* d'Ann Radcliffe (1794), *Le Moine* de Matthew Lewis (1796), ou le roman du Français Jacques Cazotte, *Le Diable amoureux* (1772), peuvent être considérés comme fantastiques, c'est surtout au XIX$^e$ siècle que ce genre littéraire a connu un véritable épanouissement. En France, cet engouement pour le genre fantastique eut pour cause la traduction des œuvres de l'Allemand Ernst Hoffmann, engouement qui se prolongea en 1857, quand Baudelaire eut traduit les *Histoires extraordinaires* d'Edgar Poe. Les œuvres d'Hoffmann (*Le Vase d'or, Fantaisies à la manière de Callot, Les Élixirs du diable, Le Chat Mûrr*, etc.) furent en effet traduites par Loève-Veimars entre 1829 et 1833 (vingt volumes !) et connurent un succès immédiat.

## LA VOGUE DU GENRE EN FRANCE

Parmi les jeunes romantiques séduits par ce genre littéraire figure Théophile Gautier dont le premier conte, *La Cafetière*, date de 1831. Tout le monde se met alors à écrire des contes, et le mot « *fantastique* » est à la mode : même Berlioz intitule *Symphonie fantastique* son œuvre de 1830…

Dans cette profusion d'ouvrages fantastiques qui se prolongea tout au long du XIX$^e$ siècle, émergèrent entre autres, à côté de Gautier, les noms de Balzac

### Dates clés

**1821 :** Nodier, *Smarra ou Les démons de la nuit*.

**1829 :** début de la traduction des œuvres d'Hoffmann.

**1831 :** Gautier, *La Cafetière*. Balzac, *La Peau de chagrin*.

**1837 :** Mérimée, *La Vénus d'Ille*.

**1857 :** traduction par Baudelaire des *Histoires extraordinaires* d'E. Poe.

**1883 :** Villiers de L'Isle-Adam, *Véra*.

**1887 :** Maupassant, *Le Horla* (deuxième version).

(*L'Élixir de longue vie, La Peau de chagrin*), Nodier (*Smarra ou les démons de la nuit, La Fée aux miettes*), Mérimée (*La Vénus d'Ille*), Villiers de L'Isle-Adam (*Véra*) et, bien entendu, Maupassant.

## QUELQUES DÉFINITIONS

« [Le fantastique] *se caractérise* [...] *par une intrusion brutale du mystère dans le cadre de la vie réelle.* » (P.-G. Castex, *cf.* bibliographie.)

« *Le récit fantastique* [...] *aime à nous présenter, habitant le monde réel où nous sommes, des hommes comme nous, placés soudainement en présence de l'inexplicable.* » (L. Vax, *cf.* bibliographie.)

« *Le fantastique est fondé essentiellement sur une hésitation du lecteur – un lecteur qui s'identifie au personnage principal – quant à la nature d'un événement étrange.* » (T. Todorov, *cf.* bibliographie.) Ces définitions sont celles de critiques modernes. Mais Théophile Gautier avait déjà su analyser le fantastique d'Hoffmann et ce qu'il apportait de nouveau. Il avait écrit dans la *Chronique de Paris*, le 14 août 1836 :

« *Le merveilleux d'Hoffmann n'est pas le merveilleux des contes de fées ; il a toujours un pied dans le monde réel et l'on ne voit guère chez lui de palais d'escarboucles avec des tourelles de diamant.* »

En effet, il ne s'agit pas, pour un auteur de contes fantastiques, de raconter une histoire qui se passerait dans un monde créé de toutes pièces, comme le monde des fées, mais d'insérer cette histoire dans le monde où nous vivons, dont nous connaissons les lois, afin de mieux inquiéter le lecteur.

Un fait inhabituel peut être inquiétant, effrayant.
Si toutefois le lecteur peut l'expliquer, par exemple
la confusion entre le « revenant » et le chien dans
*La Peur* (1), ce fait est pour lui simplement étrange.
S'il ne peut l'expliquer rationnellement (le meurtre
de l'Anglais, dans *La Main*), il penche alors pour
une explication surnaturelle qui relève du fantastique
ou du merveilleux (encore que ce dernier terme
s'applique surtout aux contes de fées). L'habileté
du conteur consiste donc à ménager les deux
hypothèses, rationnelle ou irrationnelle – ce à quoi
excelle Maupassant.

## LES THÈMES FANTASTIQUES

Les thèmes fantastiques sont multiples et sujets
à de nombreuses variations. On peut recenser
(*cf.* bibliographie, R. Caillois et L. Vax) :
– la maison hantée,
– l'intervention du diable,
– l'être invisible et malfaisant,
– le vampire,
– le monstre,
– la statue qui s'anime,
– l'objet qui se déplace,
– la femme revenue de l'au-delà,
– la rue, la maison, ou la chambre qui n'existe plus,
– l'arrêt ou la répétition du temps,
– les parties séparées du corps humain,
– la vision du double,
– l'interversion du rêve et de la réalité,
– la mort personnifiée, etc.

## LE FANTASTIQUE DE MAUPASSANT

Si Maupassant développe certains thèmes classiques du genre, il semble considérer aussi comme fantastique cette invention moderne, l'hypnotisme, qui permet de provoquer chez quelqu'un un sommeil artificiel. Des médecins peuvent user de l'hypnose pour soigner des malades, mais ce procédé n'en est pas moins effrayant, puisqu'il permet à n'importe qui d'agir sur la volonté d'autrui.

Le fantastique de Maupassant paraît souvent nourri de sa peur et de son inquiétude. « *Le fantastique, c'est tout ce qui rôde hors de l'homme et dans l'homme et le laisse, la conscience vidée par l'angoisse, sans solution, ni réaction.* » (L. Forestier, *cf.* bibliographie).

C'est ce fantastique personnel, plus « sincère », qui donne aux contes un accent d'authenticité. Pour autant, cette évocation du surnaturel ne doit pas faire oublier l'art conscient de l'écrivain qui laisse au lecteur le choix d'une interprétation rationnelle ou fantastique.

# Groupement de textes :
# L'être invisible

L e rêve de l'invisibilité a toujours hanté l'esprit de l'homme, qui userait souvent de ce pouvoir pour nuire à ses semblables, comme ce Horla, cet être malfaisant qui hante, semble-t-il, l'esprit du narrateur. Déjà Platon (v. 428-v. 348-347 av. J.-C.) racontait l'histoire du berger Gygès et de sa fabuleuse découverte : un anneau qui rendait invisible.

Plus près de nous, l'écrivain américain d'origine irlandaise, Fitz James O'Brien, publia en 1881 une nouvelle, *Qu'était-ce ?*, qui rapporte une étrange aventure.

*L'Homme invisible* d'Herbert George Wells est un chef-d'œuvre de la littérature fantastique. Paru en 1897, ce roman relate la vie d'un physicien génial qui a découvert le principe de l'invisibilité, l'a expérimenté sur lui-même et en subit les tristes conséquences.

Œuvre posthume de Jules Verne, *Le Secret de Wilhelm Storitz* fut publié en 1910. L'action se situe au XVIIIe siècle : le narrateur, qui se rend en Hongrie pour assister au mariage de son frère avec la jeune Myra, rencontre au cours du voyage un certain Wilhelm Storitz, le fils d'un chimiste qui a d'étranges pouvoirs…

Plus près de nous encore, l'écrivain belge Jean Ray (1887-1964), avec *La Vérité sur l'oncle Timotheus*, renouvelle le thème en lui donnant une portée symbolique.

## « Gygès », de Platon

Gygès était un berger au service du roi qui régnait alors en Lydie. À la suite d'un grand orage et d'un tremblement de terre, le sol s'était fendu et une ouverture béante s'était formée à l'endroit où il faisait paître son troupeau. Étonné à cette vue, il descendit dans le trou, et l'on raconte qu'entre autres merveilles il aperçut un cheval d'airain, creux, percé de petites portes à travers lesquelles, ayant passé la tête, il vit dans l'intérieur un homme qui était mort selon toute apparence, et dont la taille dépassait la taille humaine. Ce mort était nu ; il avait seulement un anneau d'or à la main. Gygès le prit et sortit. Or les bergers s'étant réunis à leur ordinaire pour faire au roi leur rapport mensuel sur l'état des troupeaux, Gygès vint à l'assemblée, portant au doigt son anneau. Ayant pris place parmi les bergers, il tourna par hasard le chaton de sa bague vers lui en dedans de sa main, et aussitôt il devint invisible à ses voisins, et l'on parla de lui comme s'il était parti, ce qui le remplit d'étonnement. En maniant de nouveau sa bague, il tourna le chaton en dehors et aussitôt il redevint visible. Frappé de ces effets, il refit l'expérience pour voir si l'anneau avait bien ce pouvoir, et il constata qu'en tournant le chaton à l'intérieur il devenait invisible ; à l'extérieur, visible. Sûr de son fait, il se fit mettre au nombre des bergers qu'on déléguait auprès du roi. Il se rendit au palais, séduisit la reine, et avec son aide attaqua et tua le roi, puis s'empara du trône.

Platon, La République, II, 359, Les Belles Lettres.

## « Qu'était-ce ? », de F.J. O'Brien

Le narrateur est installé depuis un mois dans une maison de New York que l'on dit hantée. Après une soirée passée à discuter avec un ami comme lui amateur d'opium, il monte se coucher.

Alors que je gisais comme un cadavre, espérant réussir, grâce à une parfaite inaction physique, à hâter le repos mental, un affreux incident se produisit. Un Quelque-Chose tomba à plomb, à ce qu'il parut, du plafond sur ma poitrine, et l'instant d'après je sentis deux mains osseuses entourer ma gorge, essayant de m'étrangler.

Je ne suis point lâche, et je possède une force physique considérable. Le caractère subit de l'attaque, au lieu de me stupéfier, tendit chacun de mes nerfs au plus haut degré. Mon corps agit d'instinct, avant que mon cerveau n'eût le temps de comprendre l'horreur de ma position. En un instant, j'enlaçai de mes deux bras musclés la créature et la serrai contre ma poitrine avec l'énergie du désespoir. Quelques secondes plus tard, les mains osseuses qui m'avaient étreint la gorge lâchèrent prise, et je fus libre de respirer à nouveau. Alors commença une lutte d'une violence atroce.

[...]

Enfin, après une lutte silencieuse, implacable, épuisante, je maîtrisai mon assaillant grâce à une série d'efforts incroyables. Une fois qu'il fut plaqué avec mon genou sur ce que j'identifiai comme sa poitrine, je compris que j'étais vainqueur. Je me reposai un moment pour souffler. J'entendis la créature sous moi haleter dans l'obscurité, et sentis la pulsation violente d'un cœur. Elle était apparemment aussi épuisée que moi, ce qui était déjà une consolation. En ce moment, je me souvins que j'avais l'habitude de poser sous mon oreiller, avant de me mettre au lit, un grand mouchoir de soie jaune. Je le cherchai sur-le-champ ; il y était. En quelques secondes j'avais ligoté, tant bien que mal, les bras de la créature.

[...]

Ne lâchant pas prise un instant, je glissai du lit au plancher, traînant mon captif avec moi. Je n'avais qu'à faire quelques pas en avant pour atteindre le bec de gaz, ce que j'accomplis avec la plus grande prudence, serrant la créature dans un étau. Enfin j'eus à portée de la main le petit point bleu lumineux qui m'indiquait la position du bec de gaz. Avec la vitesse de l'éclair je desserrai mon étreinte d'une main et donnai un flot de lumière. Puis je me tournai afin de regarder mon captif.

Je ne saurais même entreprendre de donner une définition quelconque de mes sensations dès l'instant que j'eus allumé le gaz. Je suppose que j'ai dû hurler de terreur, car moins d'une minute après ma chambre était envahie par les résidents de la maison. Je frémis encore en songeant à ce moment affreux. *Je ne vis rien !* Oui : d'un bras, j'enlaçais une forme corporelle, respirant et haletant ; de l'autre main, j'étreignais de toutes

mes forces une gorge aussi chaude et apparemment aussi char-
nelle que la mienne ; et pourtant, malgré cette substance vivante
sous mon étreinte, malgré son corps serré contre le mien, et
tout cela sous la lumière brillante d'un grand bec de gaz, je
n'apercevais absolument rien ! Pas même une silhouette... une
vapeur !

Fitz James O'Brien, *Qu'était-ce ?*, traduit de l'anglais par Richard Scholar
et Guillaume Pigeard de Gurbert, Actes Sud, 1998.

## « L'homme invisible », de H. G. Wells

Traqué et blessé au poignet, Griffin, un physicien qui a
découvert le secret de l'invisibilité, se réfugie chez le Dr Kemp,
un de ses anciens condisciples. Il a le poignet bandé.

Kemp regardait le bandage se mouvoir à travers la pièce ; il vit
un fauteuil d'osier, traîné sur le parquet, venir se placer auprès
du lit. Le fauteuil craqua sous le poids d'une personne et le
siège en fut abaissé d'un quart de pouce environ. Le docteur se
frotta les yeux et de nouveau se tâta le cou.

« C'est plus fort que les histoires de revenants ! » dit-il.

Et il se mit à rire machinalement.

« Cela va mieux. Dieu merci ! Voilà que vous devenez raisonnable.

– Ou idiot ! » répondit Kemp.

Et il se frotta encore les yeux.

« Donnez-moi du whisky. Je suis à peu près mort.

– Sapristi ! il n'y paraissait pas tout à l'heure... Où êtes-vous ?
Si je me lève, ne tomberai-je pas sur vous ? Là !... Fort bien.
Le whisky ? Tenez ! Où faut-il vous le donner ? »

Le fauteuil cria et Kemp sentit qu'on lui prenait le verre des
mains. Il dut faire un effort pour le lâcher : son instinct était en
révolte. Le verre s'éloigna et resta en équilibre, à vingt pouces
au-dessus du bord antérieur du fauteuil. Kemp le regardait avec
une perplexité infinie.

« Cela est, cela ne peut être que de l'hypnotisme ! dit-il. Vous
devez m'avoir suggéré que vous étiez invisible.

– Allons donc !

– Mais cela est fantastique !

– Écoutez-moi.

– J'ai démontré, ce matin même, d'une manière concluante, que l'invisibilité…

– Peu importe ce que vous avez démontré ! Je meurs de faim, et la nuit est froide pour un homme qui n'a pas de vêtement.

– Vous voulez manger ? » demanda Kemp.

Le verre de whisky se pencha de lui-même.

« Oui, répondit l'homme invisible, en le reposant avec un bruit sec. Avez-vous une robe de chambre ? »

Kemp eut une sourde exclamation. Il se dirigea vers sa garde-robe et en tira un vêtement d'étoffe rouge sombre.

« Cela fait-il votre affaire ? »

Le vêtement lui fut pris des mains ; il flotta en l'air, flasque, pendant un moment : puis il s'agita d'étrange façon, se dressa, moulant un corps, se boutonna de lui-même et s'assit dans le fauteuil.

> Herbert George Wells, *L'Homme invisible*, traduit de l'anglais
> par Achille Laurent, Albin Michel, 1958.

## « LE SECRET DE WILHELM STORITZ », DE J. VERNE

Marc, le frère du narrateur, se prépare à épouser la jeune Hongroise Myra. Mais quelques mois plus tôt, un certain Wilhelm Storitz l'avait lui aussi demandée en mariage, sans succès. Pense-t-il à se venger ? Des faits étranges se déroulent au cours de la soirée des fiançailles…

L'orchestre venait d'achever le prélude, lorsque, sans qu'on aperçût le chanteur, la voix retentit de nouveau, et cette fois au milieu du salon…

Au trouble des invités se joignit alors un vif sentiment d'indignation. La voix lançait à pleins poumons le *Chant de la Haine*, de Frédéric Margrade, cet hymne allemand qui doit à sa violence une abominable célébrité. Il y avait là une provocation au patriotisme magyar, une insulte directe et voulue !

Et celui dont la voix éclatait au milieu de ce salon… on ne le voyait pas !… Il était là pourtant, et nul ne pouvait l'apercevoir !…

Les valseurs s'étaient dispersés, refluant dans la salle et dans la galerie. Une sorte de panique gagnait les invités, surtout les dames.

Le capitaine Haralan allait à travers le salon, l'œil en feu, les mains tendues comme pour saisir l'être qui échappait à nos regards…

En ce moment la voix cessa avec le dernier refrain du *Chant de la Haine*.

Et, alors, j'ai vu… oui ! cent personnes ont vu comme moi ce qu'elles se refusaient à croire…

Voici que le bouquet déposé sur la console, le bouquet de fiançailles, est brusquement arraché, déchiré, et que ses fleurs sont comme piétinées !… Voici que les morceaux du contrat jonchent le parquet !…

Cette fois, ce fut l'épouvante qui frappa tous les esprits ! Chacun voulut fuir le théâtre de si étranges phénomènes.

Pour moi, je me demandais si j'avais bien toute ma raison et si je devais ajouter foi à ces incohérences.

Le capitaine Haralan venait de me rejoindre. Il me dit, pâle de colère :

« C'est Wilhelm Storitz !

– Wilhelm Storitz ?… Était-il fou ?… »

S'il ne l'était pas, j'allais le devenir à coup sûr. J'étais bien éveillé, je ne rêvais pas, et pourtant j'ai vu, oui j'ai vu de mes yeux, à cet instant, la couronne nuptiale s'enlever du coussin sur lequel elle était placée, sans qu'on pût apercevoir la main qui la tenait, traverser le salon, puis la galerie, et disparaître entre les massifs du jardin !…

Jules Verne, *Le Secret de Wilhelm Storitz*.

# « La vérité sur l'oncle Timotheus », de J. Ray

Le narrateur, un brillant étudiant en médecine dont la carrière a été interrompue pour d'obscures raisons, vit chez son oncle Timotheus Forceville qui écrit des ouvrages touristiques. Réduit à travailler dans un hospice, une nuit il veille un vieillard, Jonathan Wakes.

À ce moment, j'entendis un léger bruit.

La table de nuit qui se trouvait à la tête du lit venait d'être heurtée, je vis le verre et la carafe d'eau, qui y étaient posés, frémir, puis soudain le verre tomber et glisser sur les dalles, où il se brisa. Or, j'étais seul dans la chambre, à trois pas au moins du meuble, et le moribond n'avait fait aucun geste.

Je ne bougeai pas ; au contraire, je fis semblant de me désintéresser de la chose. Je bâillai et je me renversai dans mon fauteuil, de l'air d'un homme qui prend ses aises pour s'endormir.

Wakes, dans son lit, était immobile comme un gisant d'église.

J'avais à moitié fermé les yeux, mais je le couvais ardemment du regard.

Alors quelque chose bougea sur la couverture. On aurait dit qu'une grosse couleuvre invisible s'y mouvait, montant lentement vers la gorge de l'agonisant.

Je distinguais parfaitement une empreinte qui se déplaçait. Wakes ouvrit tout à coup des yeux immenses, remplis d'horreur. C'est à ce moment que je bondis.

Avec la vélocité de l'éclair, ma main jaillit vers la forme invisible qui rampait et je saisis…

Oui, j'étreignis quelque chose de matériel, de vivant… une main, peut-être.

Aussitôt la lutte commença.

Des bras invisibles essayaient sur moi des prises de lutteur, un pied me frappa durement aux mollets, puis je fus furieusement griffé au visage.

Mais, avec une joie sauvage, je sentis que la force était pour moi : j'allais avoir raison de l'invisible.

Soudain, une voix plaintive souffla à mon oreille :

– Non… Dick… je ne peux pas… pas toi !

Je reconnus la voix et je crus défaillir.

– Oncle Tim ! criai-je.

J'entendis comme un lointain coup de tonnerre et l'oncle Timotheus Forceville se trouva devant moi, vêtu de noir et très pâle.

– Oncle Tim, murmurai-je, alors, tu serais…

– Je suis !

– La Mort ?

– Oui.

Jean Ray, *La Vérité sur l'oncle Timotheus*, *in* R. Caillois,
*Anthologie du fantastique*, tome I, Gallimard, 1966.

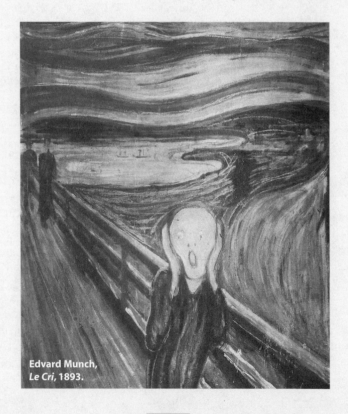

Edvard Munch,
*Le Cri*, 1893.

# Bibliographie et filmographie

## LES CONTES

Maupassant, *Contes et Nouvelles*, préface d'Armand Lanoux, introduction de Louis Forestier, texte établi et annoté par Louis Forestier, « Bibliothèque de la Pléiade », 2 volumes, Gallimard, 1974-1979.

## D'AUTRES CONTES FANTASTIQUES

Guy de Maupassant : *Qui sait ?*, *Sur l'eau*, *Lui ?*, *Lettres d'un fou*, *La Main d'écorché*, *La Nuit*…
Théophile Gautier : *La Cafetière*, *Omphale*, *Le Pied de momie*, *Arria Marcella*…
Gérard de Nerval : *La Main enchantée*.
Auguste Villiers de L'Isle-Adam : *Véra*.
Prosper Mérimée : *La Vénus d'Ille*.
Ernst Hoffmann : *Le Vase d'or*, *Le Violon de Crémone*, *L'Homme de sable*, *Les Mines de Falun*…
Edgar Poe : *La Chute de la maison Usher*, *William Wilson*, *Le Masque de la mort rouge*, *Les Souvenirs de M. Auguste Bedloe*…

## DEUX BIOGRAPHIES

Albert-Marie Schmidt, *Maupassant par lui-même*, Le Seuil, 1962.
Henri Troyat, *Maupassant*, Flammarion, 1989.

# Bibliographie et filmographie

## ÉTUDES SUR LE GENRE FANTASTIQUE

Pierre-Georges Castex, *Le Conte fantastique en France de Nodier à Maupassant*, José Corti, 1961.
Louis Vax, *L'Art et la Littérature fantastiques*, collection « Que sais-je ? », PUF, 1967.
Tzvetan Todorov, *Introduction à la littérature fantastique*, Le Seuil, 1970.
Roger Caillois, *Obliques* précédé de *Images, images*, Stock, 1975.

## FILMOGRAPHIE

*Diary of a madman (L'Étrange histoire du juge Cordier)*, de Reginald Leborg , avec Vincent Price, États-Unis, 1962.
*Le Horla*, de Jean-Daniel Pollet, avec Laurent Terzieff, France, 1966.

Achevé d'imprimer en Italie par Rotolito S.p.A.
Dépôt légal : Novembre 2018 - Edition 02
63/6807/8